Anleitung zum aus dem Rahmen fallen

Lebensrahmencoaching
Sprenge den Rahmen, der dich umgibt!

AF140438

Anleitung zum aus dem Rahmen fallen

Lebensrahmencoaching
Sprenge den Rahmen, der dich umgibt!

Mag. Georg Karl Pousek

Danksagung

Mein besonderer Dank gilt der besten Frau der Welt für ihre Hilfe bei der Entstehung dieses Buches. Meiner Frau, der Frau und Liebe, die mir das Leben an die Seite gestellt hat, damit ich sein kann, wie ich bin.

Danke!

Impressum:
Bibliografische Information der Deutschen Nationalbibliothek:
Die Deutsche Nationalbibliothek verzeichnet diese Publikation in der Deutschen Natio-
nalbibliografie; detaillierte bibliografische Daten sind im Internet über http://dnb.d-nb.de
abrufbar.
© 2014, Alle Rechte liegen bei Mag. Georg Karl Pousek, Berndorf bei Graz
Coverbild:
© Dmitry Sunagatov fotolia #47243601 - Pretty young woman jumping on green grass
© Kumbabali fotolia #52843315 - Ein alter, kaputter Holzrahmen
Coverdesign: Mag. Georg Karl Pousek
Bild im Buch: Seite 29, 43, 48, 49, 50, 54, 57
© VRD (fotolia #20885788) - Trauriger Junge
Herstellung und Verlag: BoD - Books on Demand, Norderstedt
ISBN: 9783732299058

Inhaltsverzeichnis

Vorwort

Dieses Buch handelt von den Grenzen, die wir uns selbst in unserem Leben setzen, obwohl wir das oftmals gar nicht müssten; denn diese Grenzen sind sehr oft nur in unserem Kopf real und existent. Es beschreibt den (Lebens-)Rahmen, den wir uns um unser Leben aufgebaut haben und der unser Leben begrenzt. Wir selbst sind es, die unser Leben einschränken und uns begrenzen.

Die Gute Nachricht aber ist, es liegt in unseren Händen, etwas an diesem Rahmen zu verändern. Wir müssen nicht akzeptieren, was uns in unserem Leben stört, nur weil es immer schon so war. Wir dürfen und können jetzt verändern, was uns einschränkt. Wir dürfen den Rahmen, der unser Leben begrenzt, unseren Lebensrahmen, verändern. Genau diese Veränderung ermöglicht die Arbeit mit diesem Buch und dem Lebensrahmenformat[1]. Das Lebensrahmenformat ist eine Methode, mit der sehr effizient Veränderungsprozesse bewirkt werden können.

Es gibt zwei Arten, wie Lebensrahmencoaching (LRc) angewendet werden kann. Bei der einen Methode wird der Lebensrahmen durch den Klienten[2] symbolisch dargestellt, der dann durch die Lebensrahmenarbeit verändert werden kann und leichter für den Klienten wird. Bei der anderen Möglichkeit wird der Klient über eine geführte Meditation durch seinen Veränderungsprozess begleitet. Beide Methoden wer-

---

[1] NLP verwendet so genannte „NLP-Formate". Als „Format" wird eine bestimmte Handlungsabfolge einer Sitzung oder eines Gespräches bezeichnet. Die einzelnen Interventionen eines Trainers sind innerhalb dieser Formate klar bestimmt. Einzelne Formate werden in Gruppen mit Hauptformaten zusammengefasst. Quelle: http://de.wikipedia.org/wiki/Neuro-Linguistisches_Programmieren#NLP-Formate Stand 17.01.2014
[2] Wenn in diesem Buch die männliche Form verwendet wird, ist immer auch die weibliche Form gemeint und umgekehrt.

den neben dem Konzept des Lebensrahmens und den zugrundeliegenden Annahmen in den ersten Kapiteln des Buches dargestellt.

Anschließend ist die Lebensrahmenmeditation angeführt. Die Meditation kann (vor-)gelesen werden oder auch einfach heruntergeladen und angehört werden. Bis auf Widerruf ist die Meditation kostenlos auf www.lebensrahmencoaching.org/downloads herunterzuladen.

Das Lebensrahmenformat ist eine Art Zusammenfassung all der Erfahrungen, die ich in meiner Arbeit mit Klientinnen und Klienten gemacht habe und ist angereichert mit den Erkenntnissen und Einsichten, die ich in meinem bisherigen Leben erfahren durfte. Das Buch stellt so eine große Hilfe für alle Menschen dar, die etwas in ihrem Leben verändern möchten, ist aber auch eine Dokumentation meiner Arbeitsweise und Methodik.

Wer diese Methode bei seiner Arbeit mit Klienten oder auch für sich selbst anwenden möchte, ist bei diesem Buch bestens aufgehoben. Die Lebensrahmenarbeit und die Arbeit mit diesem Buch unterstützt Veränderungsprozesse, die uns zu einem leichteren, freieren und auch glücklicheren Leben führen. Ich wünsche dir viel Freude und neue Erkenntnisse bei der Anpassung deines Lebensrahmens an dein Leben.

Georg Karl Pousek

März 2014, Berndorf bei Graz

Lebensrahmencoaching ist eine Coaching Methode (nomen est omen) ersetzt aber in keinem Fall eine persönliche Beratung, Untersuchung oder Diagnose durch einen approbierten Arzt, noch erhebt es Anspruch darauf. Es werden auch im Zuge des Coachings weder Diagnosen, Therapievorschläge, noch Änderungsvorschläge für Medikationen oder ähnliches erstellt.

1. Coaching Konzept

Nachdem der Autor immer auch einen gewissen Einfluss auf das Geschriebene hat, möchte ich mich, meinen Hintergrund und meine Überzeugungen in diesem Kapitel kurz vorstellen. Wem das nicht so wichtig oder einfach zu langweilig ist, bitte einfach mit Kapitel 2 beginnen.

1.1. Über den Autor

1972 wurde ich in eine traditionell-christliche Familie hineingeboren und auch so erzogen. Das hatte natürlich Folgen für mein weiteres Leben, da dies meine Werte und Überzeugungen schwerpunktmäßig geprägt hat. Von allem, was ich daran als Ballast empfunden habe, und das war schon etliches, habe ich mich durch die Arbeit an meinem Lebensrahmen gelöst. Immer noch glaube ich, dass es den lieben Gott wirklich gibt, allerdings ist mein Gott einer, der mit der wahren und reinen Liebe gleichzusetzen ist und uns wirklich eine Wahlfreiheit lässt. In der Meditation in Kapitel 6 kommt daher der liebe Gott als höchste Instanz vor, die uns alles geben kann, was wir benötigen.

Meine Arbeit beruht auf einer christlich-spirituellen Grundhaltung und der Überzeugung, dass wir in Wahrheit ein Ausdruck der Liebe Gottes sind und dass unser Leben als glückliches, irdisches Erlebnis für uns gedacht war. Begrenzungen, die uns einschränken und ein glückliches Leben verhindern, können daher aufgelöst und verändert werden. Diese Begrenzungen entspringen oft nicht verarbeiteten Erfahrungen - mit den dahinterliegenden abgekapselten Emotionen - die wir in allen unseren Leben gemacht haben. Der Ursprung kann also weit in unserer Vergangenheit liegen, hat aber dennoch großen Einfluss auf uns und unser Leben. Denn Emotionen wollen fließen, müssen in Bewegung sein. Können oder dürfen sie das nicht, zeigen sich oftmals deutliche Auswirkungen in Form von eingeschränkter Vitalität, Kraft und Lebensfreude u.v.m.

Ich bin davon überzeugt, dass es in unseren Händen – oder vielmehr in unseren Gedanken – liegt, wie sich unser Leben für uns gestaltet. Glück, Liebe, Freude, Leichtigkeit, etc. liegen in uns, wir müssen uns nur trauen, diesen Gedanken zu denken, dieses Gefühl zu fühlen. Selbst dann, wenn es uns einfach nie beigebracht worden ist.

1.2. Definition & Merkmale

Daraus leitet sich auch die Definition für Coaching ab, die ich für mich gefunden habe.

Coaching ist eine (professionelle) Begleitung von Menschen durch ihre Themen und Blockaden (gestaute Emotionen) hindurch und unterstützt sie dabei, diese Blockaden loszulassen und die gestaute Emotion wieder frei fließen zu lassen. Coaching dient dazu, neue Sichtweisen aufzuzeigen und die Klientin oder den Klienten neue Handlungsmöglichkeiten entdecken zu lassen.

Merkmale des Lebensrahmencoachings:

- Es ermöglicht dem Klienten, sich selbst neu zu erkennen und ein neues Selbstbild zu entwickeln.
- Es fördert das Bewusstsein über die eigenen Themen und das eigene Leben.
- Es unterstütz dabei, die Verantwortung für eigene Themen zu übernehmen.
- Themen werden gemeinsam mit dem Klienten bearbeitet.
- Es legt verborgene Ressourcen im Klienten frei.
- Es entwickelt neue Sichtweisen auf Themen und das eigene Leben.
- Es ermöglicht dem Klienten, Themen loszulassen.
- Es verbindet Werkzeuge unterschiedlicher Beratungsformen zu einer Methode.

Durch das Erarbeiten von Lösungen gemeinsam mit dem Klienten unterscheidet sich das Coaching von anderen Formen der Beratung, in denen Lösungsvorschläge unterbreitet werden. Coaching ermöglicht es Klienten, neue Handlungsmöglichkeiten für sich selbst zu entdecken.

Coaching ist dabei ergebnis- und lösungsorientiert und braucht messbare Kriterien für das Erreichen konkreter Ziele, die gemeinsam mit dem Klienten zu Beginn einer Sitzung definiert werden.

1.3. **Einsatzbereiche**

Das Lebensrahmencoaching ist in sehr vielen Bereichen und bei vielen Themen einsetzbar. Es ist eine Vorgehensweise, ein Prozessmodell, das definiert, wie ein Thema - das immer vom Klienten vorgegeben wird - mit dem Klienten bearbeitet werden kann. Die Vorgehensweise funktioniert dabei relativ unabhängig vom Thema. Die Methode ist daher grundsätzlich für jeden Menschen geeignet, der wirklich etwas in seinem Leben verändern möchte.

Wichtigste Voraussetzung ist, dass der Klient bereit ist, sich auf die Arbeit mit seinem Unbewussten einzulassen. Genau hier liegen dann auch die Grenzen der Einsetzbarkeit. Extreme Kopfmenschen werden sich eher schwer mit der Lebensrahmenmethode tun. Sie funktioniert zwar auch bei ihnen, aber es ist wahrscheinlich nicht das optimale Tool, um sie von dort abzuholen, wo sie sich gerade befinden – nämlich im Kopf. Es ist auch für den Coach recht anstrengend, bei stark ausgeprägten Kopfmenschen mit der Lebensrahmenmethode zu arbeiten. Denn bei dieser Methode ist es ganz wichtig, den Klienten immer wieder aus dem Kopf zurück in seine Gefühlswelt zu holen.

Die nachfolgende Liste der Themenbereiche, an denen ich mittels Lebensrahmencoaching schon gearbeitet habe, stellt nur einen Ausschnitt der Möglichkeiten dar und erhebt keinen Anspruch auf Vollständigkeit.

Persönliche Themen (Bearbeitet im Einzel- & Paarcoaching)
- Nicht mehr zweckmäßige Verhaltensweisen, deren Ursprung nicht bewusst ist.
- Beziehungsprobleme, die ihren Ursprung in den - in der Kindheit gelernten - Beziehungsmustern haben.
- Ängste, die in bestimmten Situationen aus einem nicht bekannten Grund auftreten.
- Bewusster machen von unbewussten, unreflektierten Handlungs- und Verhaltensweisen
- Auflösen störender Glaubenssätze und Handlungsmuster.
- Veränderung körperlicher[3] Symptome seelischen Ursprungs.
- Herausfinden eigener Wünsche, Bedürfnisse und Ziele.

Berufliche Themen (Bearbeitet im Projekt-, Life-Balance-, Führungskräftecoaching)
- Persönliche Belastungen durch das berufliche Umfeld (Stress, Burnout...)
- Herausfinden eigener beruflicher Wünsche, Bedürfnisse und Ziele.
- Life–Balance–Erarbeitung einer Lebensweise, in der die verschiedenen Lebensbereiche für den Klienten ausgeglichenen sind.
- Immer wiederkehrende Probleme mit Kollegen am Arbeitsplatz.

---

[3] Wir arbeiten dabei nicht an den körperlichen Symptomen, sondern an den seelisch-emotionalen Ursachen. Werden diese aufgelöst, kann es sein, dass sich die körperlichen Themen auch lösen, gerade bei z.B. psychosomatischen Beschwerden. Lebensrahmencoaching ersetzt aber in keinem Fall eine persönliche Beratung, Untersuchung oder Diagnose durch einen approbierten Arzt, noch erhebt es Anspruch darauf.

1.4. Eingesetzte Methoden

In diesem Kapitel sind im Überblick die Methoden beschrieben, die dem Lebensrahmencoaching zu Grunde liegen. Eine detaillierte Beschreibung und Erklärung der verschiedenen Methoden kann der entsprechenden Fachliteratur entnommen werden.

Neuro-Linguistische Programmieren (NLP)

Das Neuro-Linguistische Programmieren ist eine Sammlung von Kommunikationstechniken und Methoden zur Veränderung psychischer Abläufe im Menschen, die unter anderem Konzepte aus der klientenzentrierten Therapie, der Gestalttherapie, der Hypnotherapie und den Kognitionswissenschaften aufgreift. Die Bezeichnung „Neuro-Linguistisches Programmieren" soll ausdrücken, dass Vorgänge im Gehirn (= Neuro) mit Hilfe der Sprache (= linguistisch) auf Basis systematischer Handlungsanweisungen änderbar sind (= Programmieren). NLP wurde von Richard Bandler und John Grinder in den 70er Jahren innerhalb des Human Potential Movements entwickelt. Sie definierten NLP als „das Studium über die Struktur subjektiver Erfahrung".[4]

Milton Modell

Milton H. Erickson (5.12.1901 - 5.03.1980) war ein amerikanischer Psychiater, Psychologe und Psychotherapeut, der die moderne Hypnose und Hypnotherapie maßgeblich prägte und ihren Einsatz in der Psychotherapie förderte. Erickson betonte unter anderem die positive Rolle des Unbewussten. Bei Erickson ist das Unbewusste eine unerschöpfliche Ressource zur kreativen Selbstheilung und der Hort kaum genutzter Erfahrungen des Menschen. Die (therapeutische) Trance ist für Erickson

---

[4] Quelle: http://de.wikipedia.org/wiki/Neuro-Linguistisches_Programmieren Stand 18.01.2014

ein Zeitabschnitt, während dem die Beschränkungen der eigenen gewohnten Bezugsrahmen und Überzeugungen vorübergehend aufgehoben werden, so dass der Betreffende für andere Assoziationsmuster und psychische Funktionsweisen empfänglich ist, die ihn einer Problemlösung näherbringen. [5]

Von den Begründern des Neuro-Linguistischen Programmierens, Richard Bandler und John Grinder, wurden die sprachlichen Muster des amerikanischen Psychiaters und Hypnotherapeuten Milton Erickson in seinen Therapieprotokollen gesammelt und analysiert und als Milton-Modell in der entsprechenden Fachliteratur vorgestellt. Das Milton-Modell beschreibt, wie sprachlich Verallgemeinerungen, Tilgungen und Verzerrungen so eingesetzt werden können, dass man assoziativ aus seiner Erfahrungswelt eine Bedeutung hinzufügt. Im Milton-Modell wird beschrieben, wie Personen durch bewusst ungenaue und „kunstvoll vage" Sprachmuster bei Veränderungen in ihrem Unbewussten unterstützt werden können.[6] Diese Sprachmuster werden im Rahmen dieses Buches, vor allem in der Meditation in Kapitel 6, eingesetzt.

Aufstellungsarbeit

Familienaufstellung bezeichnet ein Verfahren, bei dem Personen stellvertretend für Familienmitglieder eines Klienten angeordnet (gestellt) werden, um aus einer dazu in Beziehung gesetzten Wahrnehmungsposition gewisse Muster innerhalb jenes Familien-Systems erkennen und verändern zu können. Das Familienstellen gründet auf der Annahme, dass Beziehungsmuster in uns auch räumlich abgespeichert werden.[7]

---

[5] Milton H. Erickson/Ernest L. Rossi: Hypnotherapie, Leben Lernen 49, 9. Aufl. Stuttgart: Klett-Cotta, 2008, S. 16
[6] Quelle: http://de.wikipedia.org/wiki/Milton-Modell Stand 18.01.2014
[7] Quelle: http://de.wikipedia.org/wiki/Familienaufstellung Stand 18.01.2014

Unsere Bezugspersonen haben daher nicht nur einen Platz in unserem Leben, sondern auch in unserer Erinnerung. Wobei „Platz" in diesem Falle wirklich wörtlich und räumlich gemeint ist. Verändern wir diesen Platz bzw. „Speicherort", dann verändert sich auch die Beziehung zu diesem Menschen (und zu uns selbst). Im Zuge des Lebensrahmencoachings arbeiten wir nicht mit Familienmitgliedern, sondern den Bausteinen des Lebensrahmens, die wir „aufstellen"- wie im Kapitel 3.4 beschrieben -, um mit ihnen arbeiten zu können.

Inneres Kind

Das „Innere Kind" gehört zu einer modellhaften Betrachtungsweise innerer Erlebniswelten, die durch Bücher von John Bradshaw und Erika Chopich/Margaret Paul bekannt wurden. Es bezeichnet und symbolisiert die im Gehirn gespeicherten Gefühle, Erinnerungen und Erfahrungen aus der eigenen Kindheit.[8] Die Arbeit mit dem inneren Kind wird hauptsächlich in der Meditation in Kapitel 6 eingesetzt, bei der es uns hilft, auf Gefühle aus unserer Kindheit leichter zugreifen zu können.

Spiritualität und Energetik

Einige energetische und spirituelle Konzepte sind ebenfalls im Lebensrahmencoaching enthalten. So zum Beispiel die Überzeugung, dass Themen und Blockaden auch durch Erlebnisse aus früheren Leben entstanden sein können. Ebenso liegt meiner Arbeit die Überzeugung zu Grunde, dass der liebe Gott uns schenkt, worum wir bitten und wir alle einen göttlichen Anteil in uns haben, den zu entdecken unser wahres Ziel auf Erden ist. Die im Kapitel 3.4.d beschriebene Methode, dem Klienten Ressourcen zur Verfügung zu stellen, basiert ebenfalls auf energetischen Methoden.

---

[8] Quelle: http://de.wikipedia.org/wiki/Inneres_Kind (Stand 3.12.2013)

1.5. Wie es funktioniert

Ursache unserer Themen und Blockaden sind Erlebnisse, die wir selbst nicht verarbeiten konnten, Themen die wir im Zuge unserer Prägung[9] von unseren Bezugspersonen übernommen haben oder auch einschränkende Glaubenssätze. Hinter all diesen Erfahrungen und Überzeugungen stehen Emotionen, die in uns aufgestaut worden sind, was uns blockiert und belastet. Sehr oft ist uns diese Belastung zwar gar nicht bewusst, unser System, vor allem unser Verhalten und auch unsere Meinung über uns selbst werden aber dennoch durch sie beeinflusst.

Während des Coachings wird der Klient an diese gestauten Emotionen behutsam herangeführt und Ressourcen, die er benötigt hätte, um die Emotion im Zeitpunkt des Entstehens verarbeiten zu können, werden ihm verfügbar gemacht. Dadurch wird es dem Klienten möglich, den Energiestau zu beheben. Die Emotion kann wieder ungehindert fließen. Die Blockade, das belastende Thema ist dadurch aufgelöst.

1.6. Rahmenbedingungen

Wie bei jeder Beratungsform gibt es einige Voraussetzungen, die erfüllt sein wollen, damit Lebensrahmencoaching wirklich funktioniert.

Voraussetzungen für ein erfolgreiches Coaching:

- Vertrauensbasis: Der Klient muss dem Coach vertrauen, damit er sich wirklich durch den Prozess begleiten lassen kann.
- Freiwilligkeit: Der Klient muss freiwillig in das Coaching gekommen sein, nicht weil er geschickt wurde.

---

[9] Prägung: umgangssprachlich die Summe aller Umwelteinflüsse, die auf die psychische und physische Entwicklung des Menschen einwirken und diese verändern. (Quelle: http://de.wikipedia.org/wiki/Prägung). Stand 28.12.2013

- Bereitschaft, an sich und seinen Themen zu arbeiten: Der Klient muss bereit für die Veränderung sein und diese auch wollen.
- Vertraulichkeit: Alles, was in den Coachings besprochen wird, ist vertraulich und verlässt den Raum nicht.
- Gegenseitige Akzeptanz und Wertschätzung: Sind Voraussetzung dass sich der Klient auf das Coaching einlassen kann.
- Geeignete Räumlichkeiten, in denen das Coaching ungestört stattfinden kann.

Ausschlusskriterien

Fehlen die Voraussetzungen für ein erfolgreiches Coaching, ist es nicht sinnvoll, mit dem Klienten zu arbeiten. In solchen Fällen ist es besser, der Klient sucht einen anderen Coach auf.

Persönliche und fachliche Voraussetzungen des Coaches

Es gibt viele Voraussetzungen, die ein Coach für seine Arbeit benötigt, um Veränderungsprozesse verantwortungsvoll begleiten zu können.

- Neben einer umfassenden Methodenkenntnis ist es vor allem wichtig, dass der Coach intuitiv weiß, wann er welche Methode anwendet, um dem Klienten am besten zu helfen.
- Verständnis für andere Menschen und die Fähigkeit, Menschen von ihrer Position abzuholen.
- Die Fähigkeit, sich auf andere Menschen einzustellen und einfühlsam und individuell (nicht nach Schema F) mit ihnen umzugehen.
- Eigene Erfahrung mit Veränderungsprozessen: Der Coach sollte seine eigenen Themen auch selbst bearbeiten und auflösen. Das Coaching ist für den Klienten und nicht für den Coach gedacht.
- Annahme und Respekt: Der Klient wird so angenommen wie er ist und wird nicht verurteilt wegen seiner Themen und Probleme.

Was der Klient einbringen muss

Wir arbeiten immer **mit** dem Klienten an seinen Lösungen und nicht **für** ihn. Daher muss auch der Klient etwas in das Coaching einbringen.

- Ehrlichkeit: Sich selbst und dem Coach gegenüber
- Bereitschaft, sich durch Veränderungsprozesse führen zu lassen.

1.7. Das Menschenbild dahinter

Als Abschluss dieses Kapitels möchte ich mein - dem Lebensrahmencoaching zugrunde liegendes - Menschenbild bzw. die dahinter stehenden Grundannahmen offen legen:

- Alle Menschen sind in Wahrheit ein Ausdruck der Liebe Gottes.
- Unser Leben war als glückliches, irdisches Erlebnis für uns gedacht.
- Unsere Seele, unsere Emotionen beeinflussen unser körperliches und psychisches Wohlbefinden.
- Jeder Mensch handelt stets nach der besten ihm im Moment zur Verfügung stehenden Möglichkeit.
- Wenn du ein neues Ergebnis möchtest, musst du etwas Neues tun.
- Menschen orientieren sich im Leben anhand der Vorstellungen, die sie von der Welt haben. Nicht daran, wie die Welt wirklich ist.
- Die Summe unserer Gedanken, Überzeugungen, Werte und Glaubenssätze definieren unsere Möglichkeiten. Ändern wir zumindest eines davon, stehen uns neue Möglichkeiten zur Verfügung.
- Begrenzungen, die unser Leben einrahmen, liegen in uns selbst.
- Begrenzungen, die uns einschränken, können verändert und aufgelöst werden.
- Menschen verfügen bereits über all die Ressourcen, die sie für eine Veränderung benötigen. Sie müssen teilweise aber freigelegt werden.

2.   Der Lebensrahmen

Unsere Erfahrungen, Glaubenssätze[10] und Werte haben in uns ein Bild von unserer Welt erschaffen, das unser gesamtes Sein beeinflusst. Durch dieses Bild haben wir im Laufe der Zeit gelernt, uns (durch unsere Gedanken) selbst zu begrenzen. Wir haben einen Rahmen um uns und unser Bild vom Leben gebaut.

Der Lebensrahmen: Die Grenzen, die wir uns im Leben bewusst oder unbewusst selbst gesteckt haben.

Die Summe unserer Gedanken, Überzeugungen, Werte und Glaubenssätze definieren unsere Möglichkeiten. Bei den meisten Menschen behindern sie die Entfaltung zum vollen Potential. Der Mensch kann dann nicht zu dem werden, was seine Seele eigentlich vorgehabt hatte, denn all diese Bausteine des Lebensrahmens begrenzen seine Möglichkeiten und hindern ihn daran, sein wahres Selbst zu leben. Sie rahmen ihn – bildlich gesprochen - ein und halten ihn in seinem Leben dort, wo er ist.

Der Lebensrahmen erschwert oder verhindert daher unser Wachstum.

Jeder Mensch hat einen Lebensrahmen um sich herum. Aber nur wenige Menschen haben einen Lebensrahmen, der sie nicht einschränkt.

---

[10] Glaubenssätze sind Lebensregeln, die Menschen für wahr halten. Sie sind Interpretationen und Verallgemeinerungen aus früheren Erfahrungen sowie individuellen Theorien, warum etwas so und nicht anders ist. Sie sind Grundlage des alltäglichen Handelns und für den Einsatz der Fähigkeiten. Quelle: http://nlpportal.org/nlpedia/wiki/Glaubenssatz (Stand: 2.12.2013)

Wenn wir uns denken „ich darf nicht", „ich kann nicht", „das geht doch nicht" usw. sind wir an unseren Lebensrahmen angestoßen. Dann haben wir seine Begrenzung erfahren. Dann sind wir von dem, was wir wirklich machen wollten, abgehalten worden, wir sind „normalisiert" worden.

So, wie es eine Klientin mir einmal in einer Sitzung beschrieben hat: Sie hatte eine Geschäftsidee gehabt, eine wirklich gute sogar. Hatte aber Zweifeln daran, ob es funktionieren könnte. Natürlich besteht bei jeder Idee die Möglichkeit, dass die Umsetzung nicht funktioniert: Aber das war es nicht, was sie davor zurückschrecken ließ. Es war ihr Lebensrahmen, auf den sie gestoßen war. Sie hatte in ihrer Kindheit gelernt, dass ihre Ideen nicht gut waren. Diesen Glauben hatte sie zum Bestandteil ihres Lebens(rahmens) gemacht. Sobald ihr Lebensrahmen verändert war, konnte sie beginnen ihre Idee umzusetzen.

2.1.   Wo zum … kommt der Lebensrahmen her?

Es war einmal…

… ein junger Prinz, eine junge Prinzessin, die in ihrem Zuhause mit ihren Eltern und Großeltern aufwuchsen. Vieles wurde ihnen gesagt, vieles lernten sie, weil sie ihre Eltern und andere Bezugspersonen beobachteten und sie Dinge einfach nachmachten. Die Eltern, die Großeltern und alle, die mit der jungen Prinzessin, dem jungen Prinz zu tun hatten, wollten das Beste für sie. Doch leider waren sie einfach nicht perfekt, allwissend oder ohne Fehler. Und daher schauten sich die Prinzessin, der Prinz vieles von ihnen ab, was in Wirklichkeit gar nicht märchenhaft für sie war. Sie lebten diese Verhaltensweisen fortan, bis die kleine Prinzessin, der kleine Prinz erwachsen geworden waren. Und wenn sie nichts daran geändert haben, leben sie noch heute in ihrem Lebensrahmen.

Wie dir vermutlich schon klar ist, die Prinzessin oder der Prinz bist

DU.

Die Entstehungsgeschichte unseres Lebensrahmens ist im Grunde ganz einfach und lässt sich wie folgt zusammenfassen:

Wir wurden hineingeboren

Unsere Erziehung festigte ihn

Wir haben ihn akzeptiert

Ok. Nun vielleicht doch etwas ausführlicher und weniger märchenhaft?

Unser Rahmen wurde durch unsere Geburt festgelegt, denn durch die Familie, in die wir hineingeboren werden, wird auch unser Lebensrahmen vordefiniert.

Meiner Überzeugung nach haben wir uns unsere Familie selbst (vor der Geburt) ausgesucht, weil wir eine bestimmte Erfahrung im Leben machen wollten. Wir wurden auch nicht leer, wie ein weißes Blatt, ohne Vorgeschichte, geboren, sondern haben schon eine mehr oder weniger große Anzahl an Vorleben hinter uns. Manche – sehr einschneidende – Erlebnisse, schleppen wir durch unsere Leben mit, solange bis sie aufgelöst werden können. Diese „Belastungen" bildeten den Lebensrahmen, mit dem wir geboren wurden.

In vielen Fällen wurde allerdings der Lebensrahmen unserer Familie, den wir uns als Startposition ausgesucht haben, von uns unterschätzt. In unserer Kindheit wurde er durch unsere Familie, unsere Erziehung, die

Schule, unsere Freunde, und so weiter - also durch alle unsere Bezugspersonen - mehr gefestigt, als wir das vor der Geburt erwartet hatten.

Im Zuge des Erwachsenwerdens verändert sich der Rahmen bei vielen noch etwas. Doch die meisten Menschen haben den Rahmen nach ihrer rebellischen Jugendphase akzeptiert. „Das Leben ist halt so", „das ist bei den anderen auch so". So oder so ähnlich denken viele und kommen gar nicht auf die Idee, etwas zu verändern.

Dadurch wurde der Rahmen so dick und fest, dass wir in ihm „gefangen" sind und aus eigener Kraft nicht mehr aus dem „Rahmen fallen" können.

Genau darum geht es aber im Leben. Unsere Erziehung macht uns zu „normalen" Menschen. Doch ich verrate dir ein Geheimnis: Wir sind alle nicht normal! Wir sind allesamt einzigartige Individuen und alles andere als „normal", was auch immer das bedeutet. Unsere Individualität möchte gelebt werden. Unser Seelenplan[11], der einzigartig ist, möchte erfüllt werden, denn nur dann können wir glücklich werden.

Dieses Anpassen und „Normal-sein-wollen" kann sehr weit gehen. Wie ein Klient mir einmal erzählte, dass er unbedingt seine Gartenhecke schneiden muss, weil sie nicht so aussah, wie die seiner Nachbarn. Selbst in diesen Dingen wollte er so „normal" sein, sich anpassen und sich ja nicht von den anderen, in dem Fall den Nachbarn, unterscheiden. Das alles, weil „man das eben so tut". Er war an seinen Lebensrahmen angestoßen. Seitdem wir daran gearbeitet haben, lässt er seine Hecke natürlicher wachsen und schneidet sie nicht akkurat. Wie er mir später einmal erzählte, haben seine Nachbarn angefangen ihre Hecke ebenfalls natürlicher wachsen zu lassen.

---

[11] Der Seelenplan: Das, was sich unsere Seele vor unserer Geburt für dieses Leben vorgenommen hat.

Das ist vielleicht ein zu banales Beispiel. Vielleicht aber auch nicht, denn wie oft schon haben wir etwas in unserem Leben getan, weil „man das halt so macht", obwohl es uns womöglich gar nicht gefällt?

2.2.   Warum, wozu, weshalb?

Was ist der Sinn des Lebensrahmens, welche Aufgabe erfüllt er in unserem Leben. Er muss einen Sinn haben, denn es gibt nichts in unserem Leben, das nicht irgendeine Aufgabe für uns erfüllt. In allem liegt ein Nutzen für uns verborgen, weil es anderenfalls nicht in unserem Leben wäre. Selbst an den Dingen, von denen wir wissen, dass sie schlecht für uns sind, halten wir fest, weil ein (oftmals verborgener) Nutzen in ihnen liegt. Ein Nutzen, den wir aus unseren momentanen Handlungsmöglichkeiten heraus auf keine andere Weise erzielen können.

So ist es auch bei unserem Lebensrahmen, der ist nämlich nicht nur schlecht oder hinderlich. Er bietet uns auch im Gegenzug für die Einschränkung Vorteile. Er hat eine wichtige Aufgabe in unserem Leben!

Ich weiß, ich weiß. Gerade habe ich noch geschrieben, dass wir davon eingeschränkt werden, dass er unsere persönliche Weiterentwicklung behindert, dass er uns in unserer Kindheit „gefangen" hält und und und. Und jetzt soll der Lebensrahmen etwas Gutes sein, etwas, das uns einen Vorteil bietet?

Ja, so ist es.

Der Lebensrahmen hat wichtige Aufgaben in unserem Leben.

Früher, wenn das Mamut auf uns zugestürmt kam, war es wichtig, ohne lange nachzudenken oder es auszudiskutieren, einfach so zu reagieren, wie die Eltern es in einer solchen Situation auch getan hatten. Aus diesem und ähnlichen Gründen wurde der Lebensrahmen in der Kindheit von uns übernommen bzw. aufgebaut. Wie kleine Kinder das nun einmal machen, haben auch wir all das, was uns unsere Eltern erklärt und vor allem vorgelebt haben für bare Münze gehalten. Wir waren einfach der Überzeugung: „Eltern können nicht irren".

Diese Überzeugung ist zwar später bei den meisten wieder verschwunden, bei manchen sogar genau ins Gegenteil umgeschlagen, doch den Lebensrahmen haben wir trotzdem - auch als wir älter waren - nicht mehr kritisch betrachtet.

Der Lebensrahmen ist im Grunde wie ein Computerprogramm, das - wenn es einen bestimmten Input (in unserem Fall Reiz oder Stimulus) bekommt - auch immer das gleiche Ergebnis liefert. Er gibt uns Halt im Leben, er bietet uns einen Rahmen für das Lust- oder Trauerspiel (das liegt in unseren Händen) unseres Lebens. Denn wir alle benötigen etwas, das uns im Leben Halt gibt. Etwas, auf das wir unser Leben ausrichten und jeden Tag wieder begründen können. Ohne ihn würde uns der Bezugsrahmen in unserem Leben fehlen. So betrachtet bietet uns der Lebensrahmen die Sicherheit, die wir im Leben brauchen.

Das Problem ist allerdings ein ganz anderes.

2.3. Der geborgte Rahmen

Stell dir einmal vor, du hast ein wunderschönes Bild mit kräftigen Farben, voller Energie und Lebensfreude. Es kann ein abstraktes Bild sein oder auch etwas Konkretes darstellen, wie z.B. eine grüne, irische Wiese mit vielen weißen Schäfchen im Sonnenschein. Hast du das Bild vor deinem inneren Auge?

Nun stell dir vor, dass der Rahmen, den du für dieses Bild geborgt bekommen hast, in einer Farbe und in einem Stil ist, der überhaupt nicht dazu passt. Nachdem aber nun einmal kein anderer Rahmen verfügbar ist, nimmst du eben diesen, weil er gerade da ist. Für die meisten Augen wäre das dann eine gewagte Kombination. Eine Kombination, die dich immer wieder stören würde, sobald du das Bild betrachtest. „So ist das eben mit einem geborgten Rahmen", wirst du dir vielleicht denken. Manch andere würden sich vielleicht denken „einem geschenkten Gaul schaut man schließlich nicht ins Maul".

Oder etwa doch?

Wir schon! Wir werden das in diesem Buch doch machen. Wir schauen dem Gaul ins Maul!

Schließlich muss man nicht alles, was man geschenkt bekommt, auch sein Leben lang behalten.

Die Geschichte mit dem geborgten Rahmen hat natürlich etwas mit unserem Lebensrahmen zu tun. Denn viele Menschen haben einen solchen „geborgten" Lebensrahmen, der einfach nicht der unsere ist, weil wir ihn von anderen Menschen übernommen haben. Er passt daher nicht wirklich zu uns und unserem Leben.

Wir alle tun etwas, was jedem Galeristen die Hände über dem Kopf zusammenschlagen lassen würde. Anstatt das Bild durch den Rahmen besonders gut zur Geltung kommen zu lassen, machen wir es genau umgekehrt: Wir passen das Bild unseres Lebens an den erhaltenen Rahmen an.

Wir leben in einem Lebensrahmen, der nicht der unsere ist, folgen Überzeugungen, Werten, Glaubenssätzen, die nicht die unseren sind. Wir denken Gedanken die nicht uns selbst entsprungen sind. Wir handeln frei, so wie wir das wollen - denken wir uns zumindest. Und wenn wir das denken, gehen wir damit dem Trugschluss unseres Lebens auf den Leim.

So wie eine Klientin, die einmal zu mir kam: Sie erzählte mir von ihrem Leben und dass sie damit nicht zufrieden und schon gar nicht glücklich sei. Je intensiver wir damit arbeiten, desto klarer wurde ihr, dass sie das Leben ihrer Eltern kopiert hatte und weiterlebte, ohne es zu hinterfragen. Es waren in Wahrheit nicht so viele Punkte, die sie ändern musste. Ein paar Monate später, kam sie wieder zu mir und wirkte ganz anders. Sie war umgezogen, hatte ihren Job gewechselt und war viel glücklicher und entspannter. Der Druck, unter dem sie gestanden hatte „ich muss heiraten", „ich muss Kinder bekommen", etc. hatte sich aufgelöst und dadurch konnte sie viel freier ihr eigenes Leben leben. Vielleicht wird sie eines Tages wirklich heiraten und Kinder bekommen. Dann aber weil sie das möchte und nicht weil sie das Lebensmodell von ihren Eltern kopiert hat.

So oder so ähnlich ist es bei vielen Menschen, sie sitzen in Wahrheit nicht am Steuer ihres Lebens. Sondern fahren in einer vorgegebenen Bahn, leben in dem ihnen vorgegebenen Rahmen.

So kann uns – zugegebener Maßen - unser Lebensrahmen natürlich keine Hilfe sein, sondern nur unser Leben einschränken, uns blockieren und belasten.

2.4.   Der Stoff, aus dem die Rahmen sind

Unser Lebensrahmen hat verschiedene Quellen und Ursachen, warum er entstanden ist. Die wichtigsten Entstehungsquellen, auf die ich in meiner Arbeit mit meinen Klienten immer wieder stoße, sind in der Abbildung dargestellt. Natürlich existieren noch andere Quellen, die unseren Lebensrahmen begründen, sie spielen jedoch meist keine ausschlaggebende Rolle:

Traditionen   Familie
Ängste   Verpflichtungen
Wissen
Glaubenssätze   Werte

Abbildung 1 Wir in unserem „geborgten" Lebensrahmen

Nachfolgend sind die wichtigsten Bausteine im Detail erklärt:

Familie, Bezugspersonen, Freunde und unser Umfeld

„Der Apfel fällt nicht weit vom Stamm", sagt schon ein altes Sprich-
wort und es stimmt. Wir werden stark vom Leben unserer Eltern und
Bezugspersonen geprägt. Und in dieser Prägung (oder auch Erziehung)
wurde uns - nach Besten Wissen und Gewissen – beigebracht, was für
unser Leben wichtig ist. Wichtig aus der Sicht unserer Erzieher. Wir
Menschen wissen sehr oft nicht, was für uns selbst das Beste ist, ge-

---

[12] Wissen steht hier für all das, was wir lernen und das unsere Intuition blockiert.

schweige denn sind wir in der Lage, wirklich abzuschätzen, was für einen anderen das Beste ist.

Anmerkung: Die Kindheit ist eine sehr prägende Phase, in der wir viel lernen. Die Aufforderung, das Gelernte zu hinterfragen, bedeutet nicht, dass unsere Eltern etwas falsch oder gar schlecht gemacht haben. Es ist für uns selbst, für die Aussöhnung unseres inneren Kindes mit unseren Eltern wichtig, immer daran zu denken, dass sie ihr Bestes gegeben haben. Sie haben so gut gehandelt, wie sie es eben konnten. Ob das für uns als Kind ausreichend oder unzureichend war, ist ein völlig anderes Thema. Unsere Eltern waren die besten Eltern, die sie sein konnten.

Aus diesem Bewusstsein, aus dieser liebevollen Haltung heraus, dürfen wir aber durchaus kritisch hinterfragen, was wir als Erziehung mitbekommen haben.

Erziehung macht uns normal und entfernt uns von unserem wahren Potential. Und was darüber hinaus noch dazukommt, ist, dass Kinder sich sehr oft verantwortlich für das Wohlergehen ihrer Eltern fühlen. Geht es den Eltern nicht gut, glauben Kinder häufig, dass sie etwas falsch gemacht haben. Kinder übernehmen daher oft (aus Liebe) unbewusst Lasten oder Belastungen von unseren Eltern. Das ist nicht nur ein spirituelles oder energetisches Konzept. Das konnte sogar schon wissenschaftlich – zumindest bei Mäusen[13] - nachgewiesen werden.

Gelingt es uns also, ganz bei uns selbst zu bleiben (und nicht unsere Eltern zu beschuldigen), können wir im liebevollen Durchforsten dieser Belastungen und überholten Themen unsere Chance auf ein selbstbestimmtes, glückliches Leben finden. Daher spielen im Lebensrahmen-

---

[13]   Quelle: http://www.welt.de/gesundheit/psychologie/article122488828/Psychische-Belastung-wirkt-sich-auf-die-Enkel-aus.html

coaching die von unseren Ahnen übernommenen Belastungen und das Abgeben dieser eine wichtige Rolle. Unsere eigenen Belastungen sind für uns Betätigungsfeld genug, wir müssen nicht zudem noch die Belastungen unsere Familie mit tragen. Gleichzeitig profitiert natürlich die gesamte Familie davon, wenn wir unsere Familienthemen auflösen und wichtige Heilungsarbeit leisten.

Glaubenssätze

„Glaubenssätze sind Lebensregeln, die Menschen für wahr halten. Sie sind Interpretationen und Verallgemeinerungen aus früheren Erfahrungen sowie individuellen Theorien, warum etwas so und nicht anders ist. Sie sind Grundlage des alltäglichen Handelns und für den Einsatz der Fähigkeiten."[14] Sie bilden unser (im Normalfall) unbewusstes Erklärungsmodell der Welt. Sie erklären uns, wie unsere Welt funktioniert. Glaubenssätze helfen uns dadurch, rascher auf unsere Welt zu reagieren. Viele dieser Glaubenssätze, die wir in unserer Kindheit lernen, begleiten uns unser ganzes Leben lang. Was uns im Kindesalter geholfen hat, muss im Erwachsenenalter aber nicht notwendigerweise immer noch hilfreich für uns sein.

Hatte man im Sandkastenalter noch die Strategie, jemandem eine zu „verpassen", wenn dieser eine Sandkuchenformen weggenommen hat, dann war das eine Sache. Hat man allerdings diese Strategie als Erwachsener immer noch, dann kann das zu echten Problemen mit den Mitmenschen führen.

Unsere Glaubenssätze sind sehr oft veraltet und beschreiben eine Welt, in der wir im Grunde gar nicht (mehr) leben. Nämlich die unserer Eltern, Großeltern oder Urgroßeltern, also unsere Vergangenheit. Dazu

---

[14] Quelle: http://nlpportal.org/nlpedia/wiki/Glaubenssatz (Stand: 2.12.2013)

kann man sich entscheiden, muss es jetzt aber nicht, denn dass das nicht besonders zielführend sein kann, ist relativ offensichtlich. Es ist ein bisschen so, wie wenn du versuchst, dich mit dem Grazer Stadtplan in Wien zurechtzufinden. Es wird dir nicht gelingen, an dein wirkliches Ziel zu kommen. Jetzt kannst du natürlich darüber unglücklich sein und noch intensiver in den falschen Stadtplan schauen, um das Ziel zu finden. Oder du kommst zur Ansicht, dass es an der Zeit ist, den Plan auszutauschen! In unserem Fall bedeutet das, die überholten Glaubenssätze zu verändern bzw. loszulassen.

Werte, Überzeugungen & Co.

Ein Wert ist eine Auffassung vom Wünschenswerten, die explizit oder implizit für einen einzelnen oder eine Gruppe kennzeichnend ist und die Auswahl der zugänglichen Weisen, Mittel und Ziele des Handelns beeinflusst (Kluckhohn 1951, S. 395). Kmieciak (1976, S. 150) verweist darauf, dass ein Wert auch die Wahrnehmung mit beeinflusst.[15]

Überzeugung ist eine feste, unerschütterliche, durch Nachprüfen eines Sachverhalts oder durch Erfahrung gewonnene Meinung oder ein fester Glaube.[16]

Was ist dir in deinem Leben wichtig? Was sind deine Werte, denen du im Leben folgst? Das sind wichtige Fragen, die wir uns von Zeit zu Zeit schon einmal stellen sollten, da unsere Werte unserem Handeln bewusst oder unbewusst zu Grunde liegen. Selbst wenn uns unsere Werte bewusst sind - und das betrifft meiner Erfahrung nur wenige Menschen

---

[15] Entnommen aus http://www.psychology48.com/deu/d/werte/werte.htm (Stand 02.12.2013)
[16] Überzeugung abgerufen auf www.duden.de (Stand 02.12.2013)

– heißt das nicht, dass sie wirklich unsere eigenen Werte und Überzeugungen sind.

So, wie bei einem Klienten, der einmal zu mir kam: Er berichtete, dass er das Haus seiner Eltern geerbt hatte und nun nicht wusste, was er damit anfangen sollte. Er lebte in einem eigenen Haus und hatte aufgrund der Entfernung seines Elternhauses (im Waldviertel) keine Verwendung dafür. Dennoch schaffte er es nicht, sich emotional von seinem Elternhaus zu trennen und es zu verkaufen. Während unserer Arbeit kam er immer mehr darauf, dass er die Werte seiner Eltern, die dieses Haus als wichtigsten Ort betrachtet hatten, übernommen hatte. Deshalb konnte er sich auch nicht durchringen, ihr Haus zu verkaufen. Doch sein Lebensmittelpunkt war nun einmal an einem anderen Ort. Nachdem wir mit diesen Themen gearbeitet hatten und die übernommenen Werte aufgelöst hatten, war er frei, sich so zu entscheiden, wie es für ihn gut war.

Auch unsere Werte und Überzeugungen haben wir in der Kindheit von unseren Bezugspersonen unbewusst als Teil der Erziehung gelernt. Das ist grundsätzlich auch gut so, denn auch Werte und Überzeugungen erfüllen eine wichtige Funktion im Leben. Was aber sehr oft dabei übersehen wird, ist, dass Werte und Überzeugungen auch einem natürlichen Wandel unterliegen (sollten). Sie können nicht statisch von Generation zu Generation unverändert weitergegeben werden. Werte und Überzeugungen müssen immer wieder hinterfragt werden, damit sie auch für ihren Träger wirklich von Bedeutung sind.

Geschieht das nicht, leben wir nach fremden Werten und Überzeugungen, was nicht zu unserem Wohlbefinden beitragen kann. Richten wir unser Leben nach übernommenen Werten aus, die uns bei näherem Hinschauen als nicht relevant erscheinen würden, dann stehen die Chancen auf glückliches Leben nicht besonders gut.

Erfüllen wir sogar übernommene Werte und Überzeugungen, können wir nicht glücklich werden, weil wir sie nur aus Gewohnheit leben und nicht, weil sie uns etwas bedeuten. Ihre Umsetzung im Leben bedeutet uns dann dementsprechend wenig bis gar nichts. Manche der übernommenen Werte stehen unseren eigenen Werten sogar frontal entgegen. Setzen wir sie in unserem Leben um, dann werden wir uns zerrissen und richtig unzufrieden mit uns fühlen. Beachten wir sie aber nicht, obwohl sie in uns noch aktiv sind, kann es sein, dass wir ein schlechtes Gewissen oder ähnliches in uns fühlen, weil wir diese Werte und Überzeugungen eben nicht beachten.

Nur wenn wir nach Werten leben, die unsere eigenen sind, haben wir eine Chance, ein glückliches und zufriedenes Leben zu erreichen. Denn nur in unserem eigenen Leben werden wir finden, was sich unsere Seele für dieses Leben vorgenommen hat.

Traditionen
„Tradition" (von lateinisch tradere „hinübergeben" bzw. traditio „Übergabe", „Auslieferung", „Überlieferung") bezeichnet die Weitergabe von Handlungsmustern, Überzeugungen und Glaubensvorstellungen u.a. oder das Weitergegebene selbst, z. B. Gepflogenheiten, Konventionen, Bräuche oder Sitten. Tradition geschieht innerhalb einer Gruppe oder zwischen Generationen und kann mündlich oder schriftlich über Erziehung, Vorbild oder spielerisches Nachahmen erfolgen. Weiterzugeben sind jene Verhaltens- und Handlungsmuster, die im Unterschied zu Instinkten nicht angeboren sind. Dazu gehören einfache Handlungsmuster wie der Gebrauch von Werkzeugen oder komplexe wie die Sprache."[17]

---

[17] Übernommen aus http://de.wikipedia.org/wiki/Tradition Stand: 03.12.2013

Auch die Traditionen nach denen wir leben, müssen für uns sinnerfüllt sein. Wissen wir nicht einmal mehr die Bedeutung mancher Traditionen und Bräuche, dann haben sie in unserem Leben keine Bedeutung oder Funktion mehr. Folgen wir aus Gewohnheit dennoch diesen Traditionen, werden wir uns vermutlich schwer tun, den Sinn darin zu finden. Leben wir aber nach etwas, das für uns keine Bedeutung oder Sinn hat, macht das zu mindestens diesen Teil unseres Lebens Sinn entleert. Und das kann uns unglücklich und unzufrieden machen. Denn sehr viele Menschen haben das Grundbedürfnis, einen Sinn in ihrem Leben zu entdecken. Kann dieser nicht gefunden werden, kann das auch zu Depressionen oder anderen psychischen Problemen führen. Univ. Prof. Joachim Bauer bezeichnet die Depression sogar als „Sinn-Mangelerkrankung"[18].

Um ein selbstbestimmtes, glückliches Leben führen zu können, gilt es für uns auch bei den Traditionen zu hinterfragen, wonach wir uns in unserem Leben richten wollen. Ein bewusstes Tun, bei dem wir genau wissen, warum wir etwas tun, hilft uns dabei, einen Sinn in unserem Leben zu finden. Und den finden wir nicht, wie einen verlorenen Schlüsselbund in einer Jackentasche oder unter der Vitrine. Wir finden ihn - wie Hermann Hesse es formulierte -, durch und in uns selbst.

„Wir verlangen, das Leben müsse einen Sinn haben - aber es hat nur ganz genau so viel Sinn, als wir selber ihm zu geben imstande sind." Hermann Hesse.

---

[18]   http://www.welt.de/gesundheit/article5562551/Depression-die-Krankheit-mit-dem-Mangel-an-Sinn.html

Wissen oder die Unterdrückung unserer Intuition

Von unserer frühesten Jugend/Kindheit an werden wir mit Wissen vollgestopft. Wir sind wie ein Schwamm, der alles unreflektiert aufsaugt. Wissen ist dabei an und für sich nichts Schlechtes. Das Problem dabei ist eher - bei meinen Klienten kann ich das sehr oft beobachten -, dass wir durch unsere Erziehung und Ausbildung, von unserer Intuition abgeschnitten werden. Wir verlassen uns nur mehr auf unseren Kopf, der voll mit Wissen und Bildung ist und hören nicht mehr auf unseren Bauch. Wir gehen völlig kopfgesteuert durch das Leben, ignorieren unsere Intuition und handeln oftmals sogar dagegen. Und das, obwohl es die Aufgabe unserer Intuition ist, uns zu helfen, unserem Lebens- bzw. Seelenplan auf die Spur zu kommen.

Das kann unser Kopf nämlich nicht so gut. Dieser handelt überwiegend aus dem Ego[19] heraus. Das Problem ist dabei, dass uns unser Ego nicht zum Glück führt, denn es möchte am Bekannten festhalten und hat Angst vor Veränderungen. Je mehr wir unsere Intuition wahrnehmen, desto besser werden wir durch das Leben geführt. Unser Kopf soll uns nur bei der Umsetzung der Dinge helfen, die uns unsere Intuition eingegeben hat, denn der Kopf ist in Wahrheit der Diener nicht der Herr in unserem Leben.

Wichtig für unser Leben ist es, dass wir wieder mehr mit unserer Intuition in Kontakt kommen, denn dann können wir kontinuierlich unseren

---

[19] Anmerkung: das Ego ist ein Konzept, das in der Spiritualität weit verbreitet ist. Es beschreibt den Teil in uns, der uns selbst als getrennt von Gott und den anderen Menschen erleben lässt. Um uns vor neuerlichen Verletzungen, die wir in der Vergangenheit erlebt haben, zu schützen, will unser Ego eine Persönlichkeit aufbauen, die nicht unserem authentischen Ich entspricht. Aus dieser Schutzfunktion entspringt auch die ängstliche Grundhaltung des Egos. Es hat Angst vor Veränderungen und hält lieber am Status Quo - unabhängig wie gut oder schlecht dieser uns tut - fest.

Lebensrahmen erweitern und unserem Seelenplan auf die Spur kommen.

Die zwei letzten Bausteine (Verpflichtungen und Ängste) werden wir etwas später in diesem Buch näher betrachten. Nun sind wir an der Stelle angelangt uns anzusehen, woraus der Leim ist, der die einzelnen Teile des Rahmens um uns herum zusammenhält.

2.5.   Der Leim - „Vordergründiges"

Vorgelagerte Gründe, warum Menschen ihren Lebensrahmen nicht erweitern, gibt es unendlich viele. Ein paar Gründe haben sich in meiner Arbeit mit Klienten aber als die am häufigsten zu beobachtenden heraus kristallisiert:

* Das unbekannte Neue: Wir betrachten Veränderung als unseren Feind und nicht als unseren Freund und gehen davon aus, dass alles, was anders wird, automatisch schlechter für uns wird.
* Fehlende Vorbilder: Wir kennen keinen Menschen, bei dem es anders oder sogar besser läuft. Wir umgeben uns mit Menschen der gleichen Energie, damit wir es für normal halten können, dass es uns nicht gut geht.
* Unsere Gewohnheit: Wir sind so an unser Leben gewöhnt, so dass wir gar nicht auf die Idee kommen, dass wir etwas verändern könnten. Falls sich dieser Gedanke doch einmal in unser Bewusstsein einschleicht, dann wissen wir nicht, wie wir es ändern können.
* Lost in Soul-Space: Wir haben den Kontakt zu uns selbst und unserer Seele verloren. Wir hören nicht auf unsere Seele, nehmen nicht wahr, wie sie uns durch unser Leben führen will und sind dadurch orientierungslos geworden.
* „Aber wie soll ich das machen?": Wir vertrauen dem Leben nicht in ausreichendem Maße, um uns seinem Fluss anzuvertrauen, stattdes-

sen fragen wir uns, wie wir etwas machen sollen. Wir wollen das Leben steuern, ohne darauf zu vertrauen, dass das Leben sowieso für uns arbeitet.

• Wir suchen Antworten, stellen uns aber oft nicht die richtigen Fragen: Um unser Leben wirklich zu verändern, müssen wir - zumindest kurzfristig - aus unserer Komfortzone herauskommen. Die Fragen, die uns in unserem Leben wirklich weiterbringen, sind im Normalfall nicht die bequemen.

Das waren die wichtigsten von mir in meiner Arbeit beobachteten vorgelagerten Gründe. Hinter all diesen Gründen steht immer eine Angst oder ein Gefühl der Verpflichtung. Aber keine Angst, diese beiden Halunken werden wir uns im nächsten Kapitel genauer anschauen.

2.6. Was wirklich im „Leim" ist – „Hintergründiges"

Es ist heutzutage für die meisten von uns möglich geworden, alte Bräuche und Lebensweisen zu hinterfragen. Ich sage, wir sind sogar dazu verpflichtet, endlich damit zu beginnen, den Ballast zu betrachten, den wir auf unseren Lebensweg mitbekommen haben und loszulassen, was uns blockiert. Es kann nicht sein, dass wir schädigende Verhaltensweisen von Generation zu Generation unhinterfragt weitergeben. Das sowohl auf persönlicher, als auch auf gesellschaftlicher Ebene. Persönlich, in dem wir unseren Lebensrahmen erweitern und in uns die Voraussetzungen für ein glückliches Leben schaffen. Auf gesellschaftlicher Ebene, in dem wir krankmachende Wirtschafts- und Gesellschaftskonzepte endlich über Bord werfen und uns ein menschen- und umweltverträglicheres Weltbild erschaffen. Mit diesem neuen Weltbild würden wirklich grundlegende Veränderungen erst möglich werden.

Was lässt uns also an den für uns ungeeigneten Lebensmodellen und Weltbildern weiterhin festhalten? Was bringt uns dazu, nur um es vielleicht unserer Familie recht zu machen, ein Leben zu führen, das uns nicht glücklich macht? Was also - um Himmels willen - bringt uns dazu, nach Werten, Traditionen, Überzeugungen und Glaubenssätzen zu leben, die nicht die unseren sind?

Eines kann ich dir jetzt schon verraten, der Himmel hat damit überhaupt nichts zu tun!

Wir selbst – mit unseren Ängsten - sind es, die unseren Lebensrahmen aufrechterhalten

Ängste

Unsere Ängste sind DER Bestandteil unseres Lebensrahmens, der Leim, der ihn zusammenhält. Wenn man es genau anschaut, können wir alle Bausteine des Lebensrahmens auf die eine oder andere Angst zurückführen. Es gibt mehrere psychologische Theorien über Angst; In meiner Arbeit folge ich der behavioristischen Theorie, die davon ausgeht, dass Angst etwas von uns Erlerntes ist. Bei Mäusen wurde (wie bereits weiter oben erwähnt) die Weitergabe von Ängsten an die nächsten Generationen (in einer wissenschaftlichen Studie) nachgewiesen, sogar obwohl, die Mäuse ihre Großeltern gar nicht kannten, deren Ängste sie geerbt hatten. Sie hatten also keine Möglichkeit, sich die Angst einfach abzuschauen. Sie wurde auf anderem Wege, genetisch oder energetisch, je nach persönlicher Vorliebe, von Generation zu Generation weitergegeben.[20]

---

[20] Quelle: http://www.welt.de/gesundheit/psychologie/article122488828/Psychische-Belastung-wirkt-sich-auf-die-Enkel-aus.html

Was ist Angst eigentlich? „Angst ist eine Emotion, bei welcher zwei Prozesse ablaufen: So wird zum einen eine Situation als bedrohend eingeschätzt, zum anderen taucht das Gefühl der Ungewissheit auf, diese Bedrohung zu bewältigen".[21]

Bei Angst ist (im Gegensatz zur Furcht) **kein konkretes Objekt** vorhanden, das die Emotion auslöst. Also kein Säbelzahntiger der uns fressen will oder ähnliches. Ist das nicht phänomenal? Angst entsteht nur durch unsere Einbildung, nur in unserer Phantasie! Sehr oft handelt es sich bei Ängsten um das Spielchen unseres Egos. Es möchte uns beschäftigen, damit wir uns selbst nicht die richtigen Fragen im Leben stellen können. So groß ist die Angst des Egos vor der Veränderung. Deswegen versucht unser Ego - über die Angstschiene - unseren Lebensrahmen aufrechtzuerhalten. Selbst um den Preis, dass es uns nicht gut geht im Leben. Hauptsache es bleibt alles beim Alten.

Zu unseren Ängsten kommen noch die Verpflichtungen dazu, die wir glauben eingegangen zu sein oder zu haben. Sie gehören zusammen, denn hinter Verpflichtungen liegt sehr oft Angst. Angst, jemanden zu enttäuschen oder vor den Kopf zu stoßen. Sie beide bilden den „Leim", der den Rahmen zusammenhält.

Verpflichtungen:

Also das, was getan werden muss, was von einem verlangt oder erwartet wird, die Pflicht.[22] Ich fühle mich meinen Eltern, Freunden, Bezugspersonen verpflichtet und kann daher keinen anderen Job machen, darf nicht aus der Kirche austreten, muss mir auch ein Haus bauen, muss mir

---

[21] Quelle: http://homepage.univie.ac.at/tamara.katschnig/habil/04Kapitel 1-Definitionen und Theorien.pdf Seite 7
[22] Quelle http://www.wortbedeutung.info/Verpflichtung/

einen Partner suchen, den meine Mitmenschen akzeptieren, muss heiraten und so weiter. Diese Verpflichtungen sind jedoch meistens gar nicht so real, wie wir das immer glauben. Sie sind oft nur in unserem eigenen Kopf vorhanden. Wir vermuten, dass unsere Bezugspersonen der Meinung sind, wir müssten etwas tun. Hinterfragen wir dieses Gefühl der Verpflichtung im Lebensrahmencoaching, dann stößt der Klient sehr oft auf die Erkenntnis, dass er selbst diese Verpflichtung erschaffen hat. Welche Eltern wären wirklich böse, wenn es ihren Kindern besser geht als ihnen. Welche Eltern wären böse, weil ihr Kind einen anderen Beruf ausübt und nicht den, den sich die Eltern für ihr Kind vorgestellt haben?

Selbst wenn wir solche Eltern hätten: Sind wir denn auf der Welt, um es unseren Eltern, Freunden, Kollegen, Nachbarn oder sonst wem recht zu machen? Sind wir nicht in erster Linie uns selbst verpflichtet?

Immer wieder stoße ich in Sitzungen mit Klienten auf die Verpflichtung, nicht glücklicher zu werden, als die eigenen Eltern, was oftmals ein zufriedenes, glückliches Leben verhindert. So auch bei einer Klientin, die vor einiger Zeit zu mir ins Coaching kam. Sie konnte einfach keine glückliche und länger andauernde Beziehung führen. Durch unsere Arbeit konnte sie entdecken, dass sie Angst hatte, „besser" als ihre Eltern zu sein, indem sie eine glücklichere und in ihren Augen erfolgreichere Beziehung führt. Sie wollte unbewusst nicht offenkundig machen, dass auch eine andere Art von Beziehung möglich ist, als die, die ihre Eltern geführt hatten. Deswegen hatte sie sich aus ihrem unbewussten Gefühl der Verpflichtung heraus selbst sabotiert. Ihr Beziehungsmuster änderte sich grundlegend, nachdem wir diese Verpflichtung aufgelöst hatten.

2.7.   Das doppelte Netz

Damit unser gewohnter Lebensrahmen nur ja aufrechterhalten wird, arbeiten unsere Ängste und Verpflichtungen eng zusammen. Immer wieder kann ich diese „doppelte Absicherung" bei meinen Klienten in Aktion sehen.

Die erste Absicherung ist unsere Angst vor der Veränderung und dem Neuen an sich. Wir trauen uns nicht, unseren Lebensrahmen und uns selbst zu verändern, weil dann das große Unbekannte in unser Leben hineinbrechen könnte. Durch unsere Konditionierung gehen wir auch selbstverständlich davon aus, das alles was neu ist, schlechter als das Alte sein muss. Unabhängig davon, wie schlecht das Alte auch immer ist.

Durchbrechen wir trotzdem einmal diese erste Absicherung, kommt unbewusst die zweite Absicherung des Lebensrahmens sofort zum Vorschein. Unsere Angst, die Familie, Nahestehende oder andere Bezugspersonen zu enttäuschen oder sie zu verletzen, indem wir ihre Lebenskonzepte ablehnen. Wir wollen sie nicht kränken oder gar undankbar erscheinen. Dieses lastende Gefühl der Verpflichtung hindert uns daran, abzulegen, was nicht gut für uns ist.

Auch wenn die doppelte Absicherung des Lebensrahmens recht gut funktioniert: Wir haben die Möglichkeit, etwas zu verändern! Ich bin überzeugt, dass unser Leben als glückliches, irdisches Erlebnis für uns gedacht war. Begrenzungen, die uns einschränken und ein glückliches Leben verhindern, können daher aufgelöst und verändert werden. Wir können und dürfen an unserem Lebensrahmen arbeiten und unsere Begrenzungen verändern bzw. auflösen.

2.8.   **Die Chance**

Nach dem oben angeführten können wir jetzt einen Schritt zurück treten und eine andere, eine neue Perspektive einnehmen. Wir widmen uns den ungeheuren Möglichkeiten, die unser Lebensrahmen und die Arbeit an ihm bieten können.

Wir werden zwar auch mit neuer Betrachtungsweise (immer noch) in unseren Lebensrahmen hineingeboren. Mit der Lebensrahmenarbeit handelt es sich dabei aber nur mehr um eine Ausgangsposition für uns. Unser Lebensrahmen ist also unsere Startposition, aber nicht mehr der Rahmen, der unser gesamtes Leben ein für alle Mal bestimmt.

Wie in der untenstehenden Abbildung veranschaulicht, dürfen wir über ihn hinauswachsen, wenn wir das wollen. Dann verändert sich unser Lebensrahmen, unser Lebenskonzept mit unserem Wachstum mit. Wir wachsen aus dem vorgefertigten hinaus und in unseren neuen eigenen Rahmen hinein. Solange, bis wir wieder weiter wachsen und in den nächst größeren Rahmen hineinwachsen. Unseren Lebensrahmen können wir sooft verändern und an uns anpassen, wie wir das wollen.

Abbildung 2 Wir in unserem Lebensrahmen – wie es gedacht war.

Genau dabei hilft das Lebensrahmencoaching. Es dient dazu, Bereiche unseres Lebens aufzudecken, die uns in unserem Handlungsspielraum behindern. Es ermöglicht uns, diese Bereiche zu betrachten und die in ihnen liegenden, verdrängten Emotionen liebevoll zuzulassen, sie dadurch anzunehmen und das Problem loszulassen.

Bei diesem liebevollen Annehmen und Loslassen hilft dieses Buch, helfen meine Seminare und meine Coachings. Die Lebensrahmenstrategie hilft dir dabei, dich gezielt und bewusst mit den Grenzen, die du dir im Leben selbst erbaut hast, auseinanderzusetzen und sie zu verändern. Denn wir können und dürfen mit unserem Lebensrahmen arbeiten und die Begrenzungen, die in ihm liegen, heilen. Wir dürfen den Rahmen sprengen, der uns umgibt. Wir dürfen ihn an uns selbst anpassen und müssen uns nicht mehr an unseren Rahmen anpassen.

Denn das ist etwas ganz unterschiedliches.

Dann gibt uns unser Lebensrahmen den Halt, den wir im Moment brauchen, solange bis wir ihn nicht mehr benötigen und den nächst größeren Lebensrahmen für uns erschaffen. Dann wird der Lebensrahmen zum Instrument, zum Werkzeug, das wir für unser Leben arbeiten lassen. Dann können wir das Spiel des Lebens ganz neu für uns entdecken. Wir schauen mit einem Mal nicht mehr von der Ersatzbank aus zu.

Wir sind plötzlich mittendrinnen!

3. Lebensrahmen Methode – im Einzel-coaching

In diesem und dem nächsten Kapitel sind die zwei wichtigsten Varianten dargestellt, wie Lebensrahmencoaching mit Klienten durchgeführt werden kann. Eine Möglichkeit Lebensrahmencoaching alleine anzuwenden, bietet die im Kapitel 5 erklärte und in den Kapiteln 6 und 7 angeführte Meditation. Die Meditation kann grundsätzlich auch bei der Arbeit mit Klienten eingesetzt werden, ist aber eher für die Einzelarbeit gedacht.

„Den" Ablauf einer Coaching Sitzung gibt es natürlich nicht. Jeder Mensch ist individuell und hat spezifische Bedürfnisse. Dementsprechend sind auch die Sitzungen immer etwas anders. Der im Folgenden beschriebene systematische Ablauf des Lebensrahmencoaching ist aber grundsätzlich mehr oder weniger immer der Gleiche.

3.1. Vorgespräch

Das Vorgespräch dient zum Kennenlernen und zur Klärung der Rahmenbedingungen, unter denen das Coaching ablaufen kann. Es ist nicht Bestandteil des eigentlichen Coachings. Meistens wird es telefonisch, im Zuge der ersten Kontaktaufnahme durch den Klienten, durchgeführt. Das Vorgespräch ist auch die Gelegenheit, das eigene Coaching-Konzept, zumindest die wichtigsten Punkte davon, zu erklären.

3.2. Gespräch

Beginn jeder Sitzung ist das einleitende Gespräch mit dem Klienten, das einerseits dazu dient, das Thema der Sitzung zu definieren und zumindest im Rahmen der ersten Sitzung das Vertrauen und den Rapport[23] aufzubauen, die für die Veränderungsarbeit nötig ist.

Der Lebensrahmen wird immer im Hinblick auf ein bestimmtes Thema bearbeitet. Dieses Thema ist der Ausgangspunkt für die Lebensrahmenarbeit. Nicht alle Themen können zu jeder Zeit aufgelöst werden. So wie in der Natur alles nach einem zeitlichen Ablauf gedeiht, benötigen auch unsere Themen und Blockaden eine gewisse Zeit, bis sie bereit sind, angesehen und geheilt zu werden. Ein wenig Fingerspitzengefühl gehört schon dazu, den Klienten durch seinen Veränderungsprozess zu führen. Manche Themen müssen auch „schichtweise" in mehreren Coachings abgetragen werden. Das ist oft sehr viel zielführender, als auf einmal zu viel erzwingen zu wollen und jedes Mal werden andere Schwerpunkte während des Coachings auftauchen.

3.3. Grundsetting

Das Lebensrahmencoaching ist im Grunde ganz einfach bei der Arbeit mit Klienten anzuwenden. Wir brauchen neben etwas Zeit nur ein paar (genauer gesagt mindestens 8) Platzhalter[24], die wir auf den Boden legen können. 7 Platzhalter bilden den Lebensrahmen des Klienten, den wir als Ausgangsposition für unser Coaching verwenden. Jeder dieser Platzhalter steht für einen der Bausteine des Lebensrahmens. Ganz richtig, sehr aufmerksam! Was ist mit dem 8. Platzhalter? Das ist ein „blanko" Platzhalter, der für einen blinden Fleck, etwas, das dem Klienten nicht bewusst ist und ganz individuell für ihn ist, gedacht ist.

---

[23] Rapport (frz. „Beziehung, Verbindung") bezeichnet eine aktuell vertrauensvolle, von wechselseitiger empathischer Aufmerksamkeit getragene Beziehung, d.h. „guten Kontakt" zwischen zwei Menschen.
[24] Ich selbst verwende dafür ganze einfache Filzscheiben, wie man sie in vielen Haushaltsgeschäften als Untersetzer für Gläser bekommt.

Tipp: in der Praxis kann man, die Platzhalter vor der Sitzung so beschriften, dass auf jedem ein Lebensrahmenbaustein steht. Man kann z.B. einfach einen beschrifteten Haftnotizzettel mit Familie, Werte etc. draufkleben.

Diese Platzhalter darf der Klient auf den Boden legen oder werfen und zwar so, dass er sich innerhalb des Rahmens befindet, der durch die Platzhalter am Boden um ihn herum ersichtlich wird. Hat er alle platziert, dann darf der Klient seine Augen schließen und in seinen Lebensrahmen hineinspüren. Wie fühlt er sich für den Klienten an? Es geht hierbei nicht um ein „abprüfen" oder ähnliches, sondern darum, den Klienten in seiner Geschwindigkeit zu seinen Gefühlen hinzuführen.

3.4.   Die Veränderungsarbeit

Das Coaching erfolgt auf Basis der Gefühle die der - durch den Klienten aufgelegte - Rahmen in ihm auslöst. Es geht also nicht darum, was der Kopf des Klienten meint, sondern rein um die Gefühle, die in ihm ausgelöst werden. Daher ist es für unsere Arbeit auch nicht wirklich wichtig, den Klienten definieren zu lassen, welcher Platzhalter wofür steht, wo diese Gefühle herkommen etc. Für die Lebensrahmenarbeit benötigen wir kein „Etikett" für die Themen des Klienten. Das ist es, was dieses Format unter anderem so charmant macht. Wir arbeiten mit dem Unbewussten, daher ist es wichtig, den Klienten nicht zu viel in den Kopf gehen zu lassen, sondern ihn immer wieder ins Gefühl zu führen.

Tipp: ich bitte vor der Arbeit immer den lieben Gott darum, dass beim Klienten nur auftaucht, was zu seinem höchsten Wohle ist. Das mache ich immer, um die Arbeit energetisch „sauber" zu halten. Die dem Coaching zugrundeliegenden Vorgänge sind auch energetischer Natur, da meiner Überzeugung nach wirklich alles im Leben energetischen Ursprungs ist.

Einen Überblick verschaffen

Hat der Klient in den Rahmen hineingespürt und wahrgenommen, wie er sich anfühlt, nimmt ihn der Coach sanft an der Schulter oder am Arm – bitte vorher fragen, ob er das möchte – und führt ihn auf den ersten Platzhalter. Bei der Arbeit ist es im Grunde egal, mit welchem Platzhalter begonnen wird, nur der Blanko-Platzhalter, der kommt als letztes an die Reihe. Bei jedem der Platzhalter geschieht im Grunde das Gleiche:

Wir führen den Klienten so, dass er mit zumindest einem Fuß auf dem Platzhalter steht und lassen ihn hineinfühlen. Je nach der Wahrnehmungsfähigkeit unseres Klienten wird er verschiedenes fühlen. Das kann wirklich ganz verschiedenes sein, z.B. leicht, schwer, Druck, Unwohlsein, Trauer, Wut etc. Es ist hilfreich – sowohl für den Klienten als auch für den Coach –, wenn der Klient laut ausspricht, was er wahrnehmen kann. Nachdem er in den Platzhalter hineingespürt hat, führen wir ihn zum nächsten Platzhalter und lassen ihn in diesen hineinspüren, dann zum Nächsten und so weiter. Als letztes zum Blanko-Platzhalter. Für diese erste Runde nehmen wir uns ca. 10-20 Minuten Zeit. Es kann sein, dass der Klient spontan einige der Punkte am Boden bezeichnen kann, z.B. „Dieser Punkt steht für die Angst vor meinen Eltern". Dann können wir diesen Platzhalter mit einer zusätzlichen Haftnotiz beschriften.

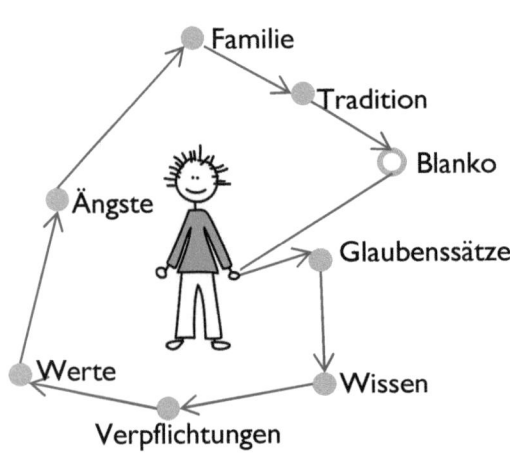

Abbildung 3 Der Lebensrahmen des Klienten.

Die Veränderung beginnt

Sind wir mit allen Platzhaltern durch, haben wir uns einen Überblick verschafft auf welchem Platzhalter der Klient reagiert und bei welchem nicht. Nun können wir mit der eigentlichen Veränderungsarbeit beginnen. Ausgangspunkt ist der Platzhalter, der die intensivsten Gefühle beim Klienten ausgelöst hat. Wir führen ihn wieder dort hin, lassen ihn sich darauf stellen und hineinspüren. Dann fragen wir den Klienten was bzw. welche Ressourcen er jetzt an dieser Stelle/bei diesem Problem benötigt.

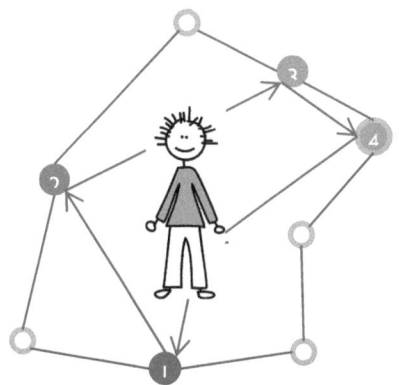

In der Abbildung ist der dunkel gefüllte Kreis (1) das Thema, das beim Klienten am wichtigsten ist. Er hat sich für den Klienten am negativsten angefühlt. Die helleren Punkte werden bearbeitet sobald sich der Punkt 1 neutral für den Klienten anfühlt. Die nicht gefüllten Punkte lassen wir in dem Beispiel aus, weil sie sich neutral für den Klienten angefühlt haben.

Abbildung 4 Die zu bearbeitenden Themen des Klienten.

Ressourcen zur Verfügung stellen

Das kann wie in den nachstehenden Punkten beschrieben auf sehr unterschiedliche Art und Weise erfolgen. Welche Variante ein Coach wählt, ist im Grunde Geschmacks- und Erfahrungssache. Was bei jeder der beschriebenen Varianten gleich ist, ist dass wir nach jeder Ressource oder jedem Ressourcenbündel beim Klienten abfragen, wie er sich jetzt nach Integration der Ressourcen fühlt.

Wir fügen solange Ressourcen hinzu, bis sich der Platzhalter für den Klienten entspannt oder zu mindestens annähernd entspannt anfühlt. Der zuvor mit Emotionen gefüllte Kreis fühlt sich nun neutral an für den Klienten. Es ist an der Zeit, sich dem nächsten Punkt zuzuwenden. Die Sitzung dauert solange, bis entweder alle Platzhalter bearbeitet worden sind, es für den Klienten zu anstrengend wird oder die zur Verfügung stehende Zeit zu Ende geht.

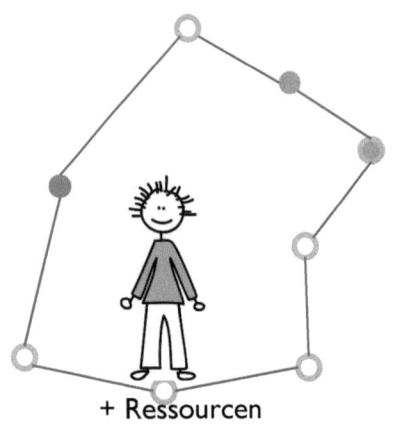

+ Ressourcen

Abbildung 5 Ressourcen zur Verfügung stellen

Im Folgenden sind vier verschiedene Methoden dargestellt, wie dem Klienten Ressourcen zur Verfügung gestellt werden können.

a.   Ankern – der klassische NLP Ansatz

Sobald der Klient hineingespürt und uns benötigte Ressourcen genannt hat – z.B. Versöhnung, Friede, Leichtigkeit -, lassen wir ihn auf eine neutrale Position außerhalb des Lebensrahmens gehen und fragen ihn, ob er diese benötigte Ressource schon in einer anderen Situation gehabt hat. Wenn ja, dann kann der Klient in diese Situation hineinspüren und der Coach setzt einen Anker[25]. Sobald der Anker gesetzt ist, kann der Klient wieder auf den Platzhalter steigen, hineinspüren und der Coach löst dann den Anker mit den benötigten Ressourcen aus. Der

---

[25] Ein Anker ist eine Verknüpfung zwischen automatisch auftauchenden Gedanken oder Gefühlen und willentlich beeinflussbaren Vorgängen (z.B. ein Geräusch wie eine Schulglocke, ein Geruch, eine Berührung. Quelle: http://de.wikipedia.org/wiki/Neuro-Linguistisches_Programmieren#Anker Stand 15.01.2014

Klient beginnt dann auf unbewusster Ebene zu arbeiten (das kann man auch im Gesicht des Klienten beobachten).

Sobald die Arbeit in dem Klienten abgeschlossen ist, fragen wir den Klienten wie sich dieser Platzhalter jetzt für ihn anfühlt. Falls nötig, den Klienten wieder auf die neutrale Position außerhalb des Lebensrahmens führen und weitere Ressourcen verankern. Auf dem Platzhalter den Anker mit den weiteren Ressourcen auslösen und dem Klienten zur Verfügung stellen. Solange Ressourcen verankern und zur Verfügung stellen bis sich der Platzhalter neutral oder sogar positiv anfühlt. Dann kann mit der Arbeit am nächsten Platzhalter fortgefahren werden.

b.   Erwachsenes Ich & inneres Kind

Der Ressourcenmangel, der den entstandenen Einschränkungen und Belastungen der Klienten zu Grunde liegt, ist überwiegend in der Kindheit entstanden. Daher können wir bei unserer Arbeit annehmen, dass die Ressourcen damals (zum Zeitpunkt der Entstehung der Belastung) nicht zur Verfügung standen, sie zum heutigen Zeitpunkt dem Klienten aber sehr wohl zur Verfügung stehen. Wir können daher Ressourcen vom „erwachsenen Ich" zum „inneren Kind" transferieren, indem wir den Klienten fragen, ob das „erwachsene Ich" des Klienten mittlerweile über diese Ressource verfügt und bereit ist, sie dem inneren Kind bereitzustellen. Im Normalfall wird es das sein und das innere Kind bekommt so die notwendigen Ressourcen zugeführt.

Nach diesem Transfer den Klienten wieder hineinspüren lassen, wie sich der Platzhalter nun anfühlt. Werden weitere Ressourcen benötigt, wieder das „erwachsene Ich" danach fragen und dem „inneren Kind" zur Verfügung stellen lassen. Solange, bis sich der Platzhalter neutral oder sogar gut anfühlt, dann zum Nächsten weitergehen. Sollte auch das

„erwachsene Ich" über keine der benötigten Ressourcen verfügen, kann eine der anderen Varianten angewandt werden.

c.   Der liebe Gott als Quelle

Ob der liebe Gott als Quelle verwendet wird, ist natürlich Überzeugungssache und hängt vom Weltbild des Coaches und des Klienten ab. Wer diese Variante einsetzen möchte, muss den Klienten nur nach den benötigten Ressourcen fragen und den Klienten dann den lieben Gott um diese Ressourcen bitten lassen. Manchmal muss man als Coach dem Klienten helfen, diese Ressourcen auch anzunehmen. Viele von uns haben leider unbewusst die Meinung, dass sie solche Geschenke nicht verdienen. Unterstützende Ermutigung wie z.B. „Wenn du bittest, wird dir gegeben werden", "wir alle sind gleichwertige Kinder Gottes und verdienen seine Hilfe" oder etwas Ähnliches sind hilfreich, um im Klienten das Vertrauen zu erwecken, dass es möglich ist, Geschenke vom lieben Gott zu erhalten. Um das Gefühl zu intensivieren, kann der Coach den Klienten auch in das Geschenk hineinfühlen lassen. Sobald der Klient die Ressource fühlen kann und die Arbeit in ihm abgeschlossen ist, ihn fragen, wie es sich nun mit der Ressource anfühlt. Klären, ob weitere Ressourcen benötigt werden, wenn ja wieder den lieben Gott darum bitten lassen. Wenn nein, ist die Arbeit an diesem Platzhalter abgeschlossen und es kann mit dem nächsten weiter gearbeitet werden.

d.   Der energetische Ansatz – ein Leben fürs Kleben

Wer den Klienten nicht mit den Fragen nach der Quelle der Ressourcen strapazieren möchte und es etwas energetischer möchte, kann eine gleichermaßen einfache wie wirksame Methode anwenden. Ähnlich wie

Emoto[26] Wasserkristalle durch Beschriften des Glases verändert, so funktioniert das auch mit uns Menschen. Durch Beschriften und Aufkleben von Haftnotizzetteln auf dem Körper des Klienten (z.B. auf dem Arm) lassen sich ebenfalls Veränderungen erzielen. Das klingt womöglich ungewohnt, den Klienten mit Haftnotizzetteln zu bekleben und ist vielleicht auch nicht jedermanns Sache. Es funktioniert aber trotzdem. Vielleicht weil der Wasseranteil im menschlichen Körper 55% bis ca. 70% beträgt, vielleicht auch wegen der Intention, mit der die Ressourcen auf die Zettel geschrieben werden.

Während der Arbeit beschriften wir die Haftnotizzettel mit den vom Klienten genannten Ressourcen und kleben sie an eine unverfängliche Stelle des Klienten, wie zum Beispiel am Arm oder auf die Schulter. Wichtig ist es, alle Ressourcen, die der Klient aufzählt aufzuschreiben und aufzukleben, aber auch Ressourcen, die nach dem Gefühl des Coachs notwendig wären. Liebe ist zum Beispiel eine Ressource, die ich in jedem Coaching auch mehrfach auf Haftnotizzettel schreibe. Ebenso sind Annahme, Loslassen, Vergebung und Verzeihen weitere Beispiele von Ressourcen, die dem Klienten immer in seinem Prozess weiterhelfen.

Damit der Klient nicht zu sehr in den Kopf geht, verrate ich ihm – während der eigentlichen Arbeit – nicht, welche Ressourcen ihm gerade aufgeklebt wurden. Und das spannende daran ist, er muss es während der Arbeit auch nicht wissen, das Gefühl, das er auf dem Platzhalter hat, ändert sich dennoch. Nach dem Wirkungstest, kann der Klient die Ressourcen dann natürlich erfahren, wenn er das dann noch möchte.

---

[26] Masaru Emoto ist ein japanischer Parawissenschaftler und Alternativmediziner. Emoto beschäftigt sich seit Anfang der 1990er-Jahre mit Wasser. Er vertritt die Auffassung, dass Wasser die Einflüsse von Gedanken und Gefühlen aufnehmen und speichern könne.

Wirkungstest – der veränderte Rahmen

Unabhängig davon, welche Methode wir verwendet haben um dem Klienten die benötigten Ressourcen zur Verfügung zu stellen, ist es wichtig, wenn alle relevanten Punkte bearbeitet sind, die Veränderung für den Klienten fühlbar und auch sichtbar zu machen. Fühlbar machen wir die Veränderung, indem wir den Klienten in den Rahmen, in dem er sich nach wie vor befindet, hineinspüren lassen. Wie fühlt er sich jetzt an? Ist der Rahmen noch stimmig oder müssen die Platzhalter anders im Raum positioniert werden? Meistens hat der Klient das Bedürfnis, die Position der Platzhalter und damit den Lebensrahmen zu verändern.

Durch dieses Verschieben der Platzhalter wird die Veränderung, die während des Coachings geschehen ist, sichtbar. Sobald die Platzhalter so liegen, dass sie sich für den Klienten stimmig anfühlen, lassen wir ihn noch einmal hineinspüren. Durch die Frage „was hat sich alles verändert?" machen wir noch einmal bewusst, wie viel sich für ihn verändert hat.

Abbildung 6 Der neue Lebensrahmen des Klienten

Dann kann der Klient aus dem Rahmen treten und die Platzhalter wieder einsammeln. Die Haftnotizzettel können, wenn es sich stimmig für den Klienten anfühlt, wieder heruntergenommen werden oder noch während des Nachgesprächs kleben bleiben. Nach dem Ende des Coachings verbrenne ich die Haftnotizzetteln. Wenn es sich stimmig anfühlt, kann der Klient sie auch selbst mitnehmen und sie dann verbrennen. Das Verbrennen ist der symbolische Akt, der zeigt, dass der Klient die Ressourcen verinnerlicht hat.

4. Weitere Einsatzmöglichkeiten der Lebens-rahmen Methode

Nachdem der Lebensrahmen, wie im letzten Kapitel erklärt, immer im Hinblick auf ein bestimmtes Thema bearbeitet bzw. aufgelegt wird, lässt sich die Lebensrahmencoaching Methode nicht nur in der Einzelarbeit mit Klienten, sondern auch erfolgreich bei weiteren Anwendungsfällen einsetzen. Diese sind im Überblick in diesem Kapitel angeführt:

4.1. Arbeit mit Gruppen

Lebensrahmencoaching kann nicht nur bei der Arbeit mit Klienten eingesetzt werden, sondern auch im Rahmen der Arbeit mit Personengruppen, wie zum Beispiel bei Seminaren. Bei dieser Methode arbeiten wir an den Themen eines Teilnehmers und beziehen alle anderen Teilnehmer in diese Arbeit mit ein.

a. Ablauf

Ein Gruppenteilnehmer legt wie gewohnt seinen Lebensrahmen mit den Platzhaltern und dem Blanko-Platzhalter auf. Nach dem Auflegen spürt der Teilnehmer in seinen aufgelegten Lebensrahmen hinein. Dann führt der Coach den Teilnehmer (wie im Einzelcoaching beschrieben) den Lebensrahmen entlang, bis er in alle Platzhalter hineinspüren hat können.

Im nächsten Schritt wählt der auflegende Teilnehmer pro Platzhalter einen Teilnehmer aus, den er an den Schultern auf diesen Platzhalter führt, auf den sich dieser dann draufstellt.

Der Vorteil daran ist zum einen, dass bei dieser Methode alle Teilnehmer in die Arbeit miteinbezogen werden können und dabei gleichzeitig ihre eigenen Themen, die sie im Bereich des jeweiligen Bausteins haben, bearbeiten. Zum anderen können die Lebensrahmenbausteine (in Form der Teilnehmer) in dieser Version reden und Auskunft geben. Gibt es mehr Teilnehmer als Platzhalter, können sich die Teilnehmer, die nicht auf einen Platzhalter gestellt wurden, bei einem Platzhalter ihrer Wahl dazustellen und so ebenfalls mitarbeiten.

Dann kann der auflegende Teilnehmer – wieder mit dem intensivsten Baustein beginnend – den Teilnehmer auf dem Platzhalter befragen. Fragen können z.B. sein, wie er sich an seiner Position fühlt oder was er brauchen würde, etc.

Wenn der Teilnehmer auf dem Platzhalter gesagt hat, dass er eine Ressource benötigt, dann den auflegenden Teilnehmer fragen, ob er bereit ist, diese Ressource zur Verfügung zu stellen. Wenn er über diese Ressource nicht verfügt oder sie nicht bereitstellen will, dann eine der Möglichkeiten aus Kapitel 3.4.azur Ressourcenbeschaffung verwenden.

Wenn alle Ressourcen zur Verfügung gestellt sind und sich der Platzhalter neutral oder gut anfühlt, kann mit dem nächsten Platzhalter zu arbeiten begonnen werden.

Ist die Arbeit an allen relevanten Punkten beendet, entlässt der auflegende Teilnehmer die anderen Teilnehmer aus ihrer Platzhalterfunktion und bedankt sich bei ihnen für ihre Hilfe.

Dann kann der auflegende Teilnehmer die Platzhalter am Boden so verschieben, dass sich sein neuer Lebensrahmen wieder stimmig anfühlt.

4.2.   Für Unternehmen

Lebensrahmencoaching kann auch für Unternehmen, Organisationen, Vereine etc. eingesetzt werden, denn auch sie sind(energetische) Systeme. Unternehmen sind eine Gruppe von Menschen, die zwar einem

Unternehmensziel aber auch ihren eigenen Zielen innerhalb des Unternehmens folgen. Alle Menschen im Unternehmen „bringen" ihren Lebensrahmen ins Unternehmen ein. Aus der Summe dieser Lebensrahmen sowie den Unternehmenszielen etc. bildet sich der „übergeordnete" Lebensrahmen des Unternehmens. Mit diesem Lebensrahmen können wir genauso arbeiten, wie mit dem eines Klienten. Die Lebensrahmenbausteine eines Unternehmens sind verschieden zu den Bausteinen einzelner Personen.

Abbildung 7 Der aggregierte Lebensrahmen eines Unternehmens

Die Bausteine des Lebensrahmens eines Unternehmens sind:

- Mitarbeiter
- Kunden
- Verpflichtungen: Wem gegenüber fühlt sich das Unternehmen verpflichtet, z.B. seinen Aktionären, der Öffentlichkeit, der Umwelt...
- Werte: Welche Werte, welche Unternehmenskultur vertritt das Unternehmen?
- Glaubenssätze: Woran glaubt das Unternehmen? – oftmals im Leitbild zu finden.
- Wissen: Was glaubt das Unternehmen zu wissen?

- Ängste: Welche Ängste hat das Unternehmen? (z.B. Angst vor anderen Anbietern, vor reklamierenden Kunden...)

Der Lebensrahmen des Unternehmens wird aufgelegt und dann damit gearbeitet. Die Arbeit funktioniert analog wie die Arbeit in der Gruppe.

Ein Teilnehmer nimmt die Rolle des auflegenden Teilnehmers ein und führt die anderen auf die verschiedenen Platzhalter. Dann kann der auflegende Teilnehmer – wieder mit dem intensivsten Baustein beginnend – den Teilnehmer auf dem Platzhalter befragen.

Wenn der Teilnehmer auf dem Platzhalter gesagt hat, dass er eine Ressource benötigt, dann eine der Möglichkeiten aus Kapitel 3.4.a zur Ressourcenbeschaffung verwenden, um diese Ressourcen zur Verfügung zu stellen

Wenn alle Ressourcen zur Verfügung gestellt sind und sich der Platzhalter neutral oder gut anfühlt, kann mit dem nächsten Platzhalter zu arbeiten begonnen werden.

Ist die Arbeit an allen relevanten Punkten beendet, entlässt der auflegende Teilnehmer die anderen Teilnehmer aus ihrer Platzhalterfunktion und bedankt sich bei ihnen für ihre Hilfe.

Dann kann – optional - der auflegende Teilnehmer die Platzhalter am Boden so verschieben, dass sich der Unternehmens-Lebensrahmen wieder stimmig anfühlt.

5. Lebensrahmen Meditation - Überblick

Dieses Kapitel ist zwar eher für Coaches gedacht, ist aber auch für die Arbeit an sich selbst interessant, weil es die Inhalte und den Ablauf meiner Meditationen erklärt, die du in den Kapiteln 6 (Lebensrahmen Meditation - Hauptteil) und 7 (Lebensrahmen „Bausteine Meditation") findest bzw. auf meiner Homepage downloaden kannst. Die Meditationen sind für die Arbeit mit Klienten und an sich selbst gleich.

5.1. Den Lebensrahmen finden

In diesem Teil der Lebensrahmenmeditation geht es darum, den Klienten in Kontakt mit seinem Lebensrahmen zu bringen. Wir werden ihn sanft und behutsam an diese oftmals lange verdrängten Themen heranführen und verwenden für die Kommunikation mit dem Unbewussten das Bild des Lebensrahmens, stellvertretend für all das, was das Leben einschränkt. Stellvertretend aber auch für das, was gerade im Leben aktuell ist und aufgelöst werden kann.

Führen wir einen Klienten durch die Meditation und kann er seinen Lebensrahmen nicht finden, dann stellen wir ihm die heute benötigten Ressourcen zur Verfügung und beenden danach die Meditation, um gemeinsam mit dem Klienten herauszufinden, was das Auffinden des Rahmens blockiert hat. Wir können aber auch den Klienten den Lebensrahmen auflegen lassen (wie in Kapitel 3 beschrieben). Erfahrungsgemäß kommt es aber eher selten vor, dass ein Klient seinen Lebensrahmen in der Meditation gar nicht wahrnehmen kann.

Die von mir zum Download[27] angebotene Meditation geht davon aus, dass der Lebensrahmen gefunden werden kann.

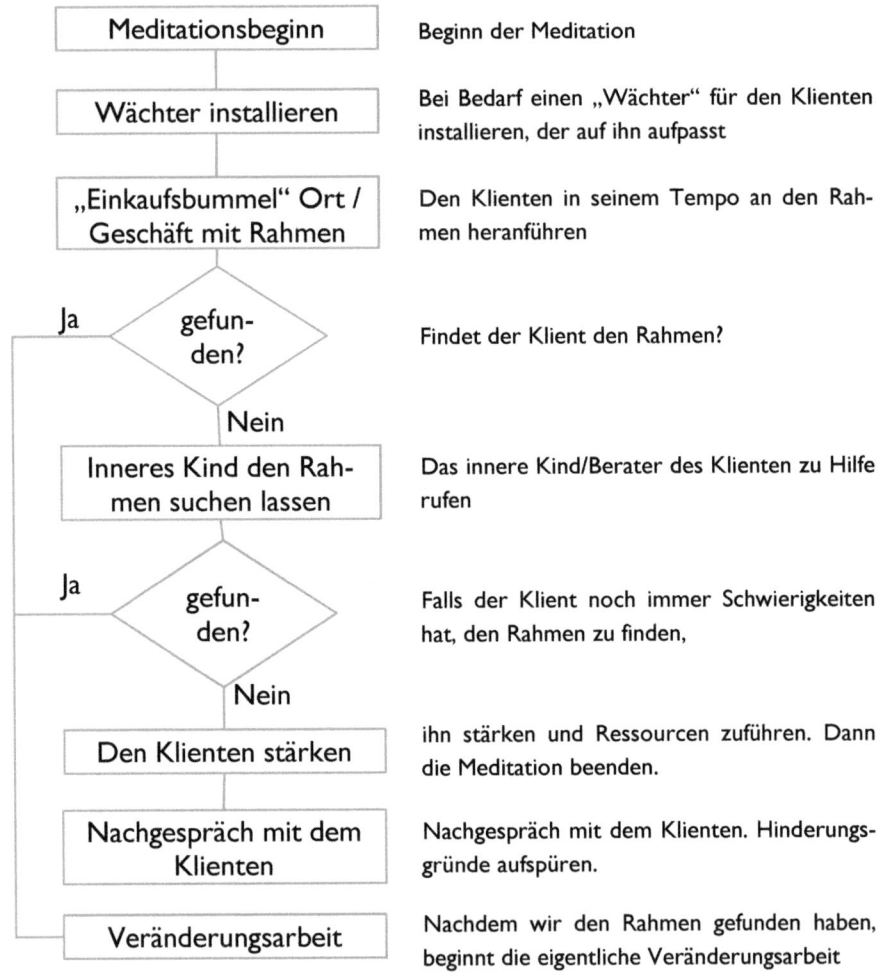

Meditationsbeginn	Beginn der Meditation
Wächter installieren	Bei Bedarf einen „Wächter" für den Klienten installieren, der auf ihn aufpasst
„Einkaufsbummel" Ort / Geschäft mit Rahmen	Den Klienten in seinem Tempo an den Rahmen heranführen
gefunden? — Ja	Findet der Klient den Rahmen?
Nein — Inneres Kind den Rahmen suchen lassen	Das innere Kind/Berater des Klienten zu Hilfe rufen
gefunden? — Ja	Falls der Klient noch immer Schwierigkeiten hat, den Rahmen zu finden,
Nein — Den Klienten stärken	ihn stärken und Ressourcen zuführen. Dann die Meditation beenden.
Nachgespräch mit dem Klienten	Nachgespräch mit dem Klienten. Hinderungsgründe aufspüren.
Veränderungsarbeit	Nachdem wir den Rahmen gefunden haben, beginnt die eigentliche Veränderungsarbeit

Abbildung 8 Ablauf Lebensrahmenmeditation Rahmen finden

---

[27] Angebot gültig bis auf Widerruf.

5.2.   Erlaubnis erhalten

Da der Lebensrahmen einen recht hohen „Selbsterhaltungstrieb" hat, ist es wichtig, uns vor der Arbeit die Erlaubnis einzuholen, dass wir etwas an unserem Rahmen ändern dürfen. Nur wenn wir uns selbst die Erlaubnis geben, etwas ändern zu dürfen, sind wir in der Lage, auch etwas an unserem Lebensrahmen zu verändern. Daher holen wir uns im „Erlaubnis-Teil" der Meditation unsere eigene Erlaubnis, die Erlaubnis des höheren Selbst unserer Eltern und des höheren Selbst weiterer relevanter Personen ein. Mit dem höheren Selbst arbeiten wir, weil es viel eher dazu bereit ist, diese Erlaubnis zu erteilen. Es ist außerdem unter Umständen weniger konfliktbelastet, als das irdische Ich der Eltern. Als „letzte Instanz" bitten wir um die Erlaubnis vom lieben Gott, etwas verändern zu dürfen. Durch diese Erlaubnis der „höchsten Instanz", bekommen wir – selbst wenn das höhere Selbst der Eltern keine Erlaubnis gegeben haben sollte – die Möglichkeit, weiter an unserem Lebensrahmen zu arbeiten.

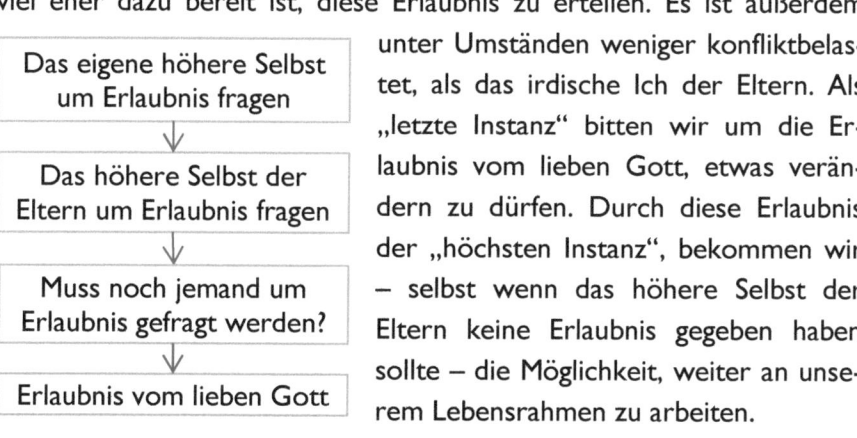

Abbildung 9 Ablauf Lebensrahmenmeditation Erlaubnis einholen

5.3.   Die Angst nehmen

Ängste und das Gefühl, verpflichtet zu sein, halten unseren Lebensrahmen hauptsächlich aufrecht. Daher werden wir es uns in diesem Schritt ermöglichen, Ängste und Verpflichtungen, die uns behindern würden, gehen zu lassen. Bei der Arbeit mit Ängsten ist immer etwas Vorsicht geboten, denn es ist wichtig, ein Gefühl der Sicherheit zu haben, aus dem heraus agiert werden kann und das es ermöglicht, unsere

Ängste in Ruhe zu betrachten. Daher dissoziieren wir uns in der Meditation, indem wir die Distanz zwischen uns und unserem Lebensrahmen vergrößern. Aus sicherer Distanz können wir dann an unseren Ängsten und Verpflichtungen arbeiten.

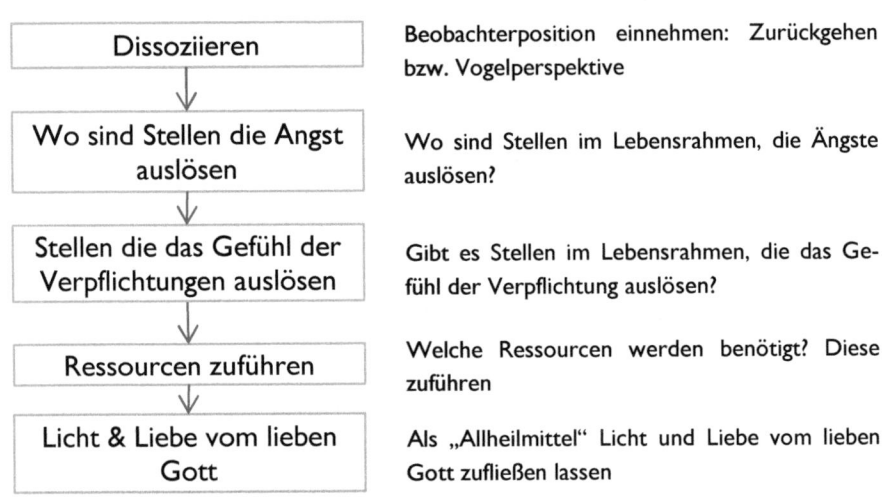

Dissoziieren	Beobachterposition einnehmen: Zurückgehen bzw. Vogelperspektive
Wo sind Stellen die Angst auslösen	Wo sind Stellen im Lebensrahmen, die Ängste auslösen?
Stellen die das Gefühl der Verpflichtungen auslösen	Gibt es Stellen im Lebensrahmen, die das Gefühl der Verpflichtung auslösen?
Ressourcen zuführen	Welche Ressourcen werden benötigt? Diese zuführen
Licht & Liebe vom lieben Gott	Als „Allheilmittel" Licht und Liebe vom lieben Gott zufließen lassen

Abbildung 10 Ablauf Lebensrahmenmeditation Angst nehmen

5.4.   Ressourcen integrieren

Nachdem wir in den ersten Schritten der Meditation in Kontakt mit unserem Lebensrahmen gekommen sind, die Erlaubnis zur Veränderung bekommen haben und an unseren Ängsten gearbeitet haben, geht es nun darum, den Lebensrahmen näher zu betrachten und "blinde Flecken"[28] aufzudecken und aufzuhellen. In der Meditation werden wir diese „blinden Flecken" als dunkle oder beschädigte Stellen im Lebensrahmen suchen. Wir arbeiten dabei zuerst mit unserem erwachsenen

---

[28] Blinder Fleck bezeichnet in der Sozialpsychologie die Teile des Selbst oder Ichs, die von einer Persönlichkeit nicht wahrgenommen werden. Quelle: http://de.wikipedia.org/wiki/Blinder_Fleck(Psychologie)

Selbst, geben ihm die benötigten Ressourcen, um entspannt und aus einer liebevolleren Haltung heraus mit dem Lebensrahmen umgehen zu können.

Danach arbeiten wir mit unserem inneren Kind und geben unserem inneren Kind die Ressourcen, die es in der Kindheit benötigt hätte. Die Ressourcen zuzuführen ist deswegen so wichtig, da der Lebensrahmen entstanden ist, nachdem uns in der Kindheit die benötigten Ressourcen[29] fehlten, um die Erlebnisse, die uns widerfahren sind, wirklich zu verarbeiten.

Wir werden den Begrenzungen, die den Rahmen bilden, daher Ressourcen zuführen und so unseren persönlichen Handlungsspielraum erweitern. So können wir eine Aufarbeitung der Erlebnisse ermöglichen. Nachdem unser erwachsenes Ich und das innere Kind die Ressourcen bekommen haben, die sie brauchten, verändern wir das erste Mal die Rahmengröße.

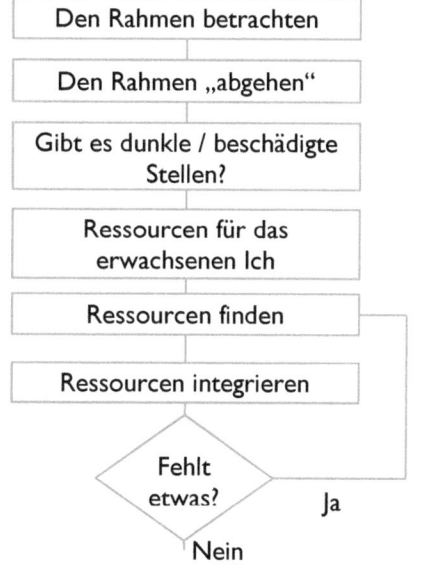

Abbildung 11 Ablauf Lebensrahmen Meditation Ressourcen integrieren

<hr>

29 Ressourcen sind alles, womit eine erwünschte Veränderung erreicht werden kann. Ressourcen können äußerer oder innerer Natur sein. Äußere Ressourcen sind z.B. andere Menschen, Tiere, finanzielle Mittel oder ein Spaziergang im Wald. Innere Ressourcen sind alles, was in einer Person an Eigenschaften, Stärken, Fähigkeiten, Neigungen, Talenten, positiven Erfahrungen und Erinnerungen vorhanden ist. Auch Strategien sind Ressourcen.

Wir können dadurch erfahren, dass sich der Lebensrahmen verändern kann. Wir erfahren, dass sich Begrenzungen und Einschränkungen in unserem Leben verändern lassen.

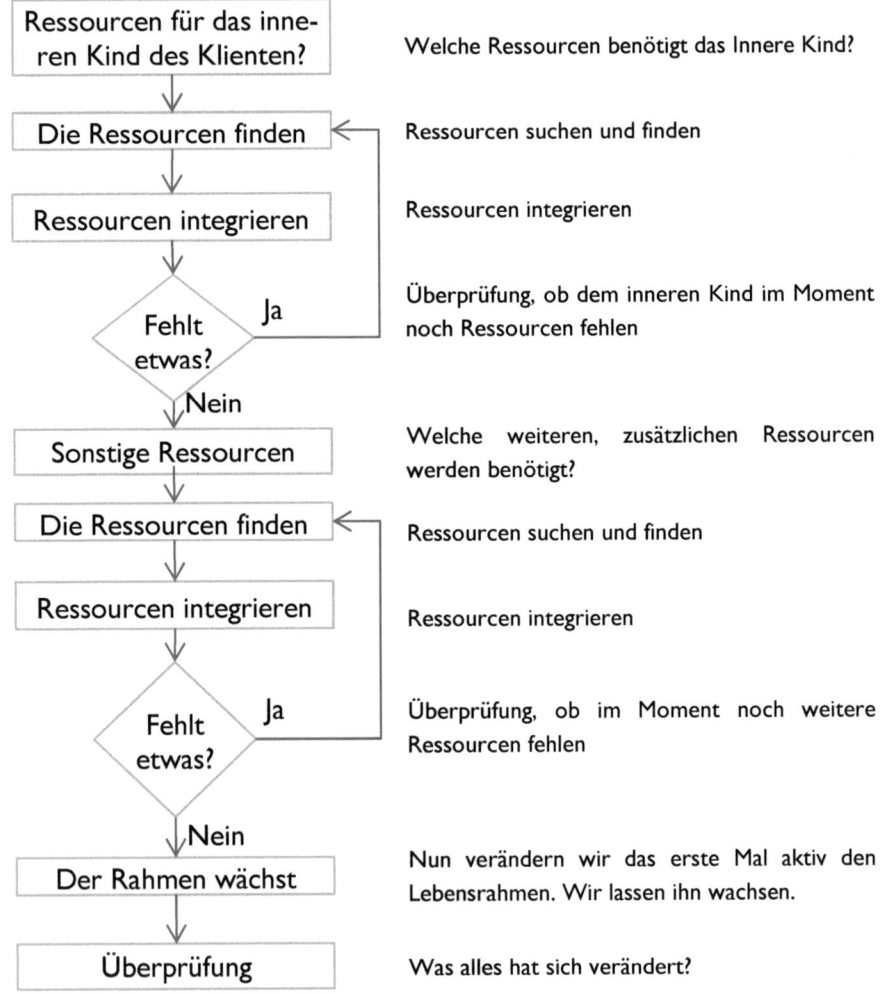

Ressourcen für das inneren Kind des Klienten?	Welche Ressourcen benötigt das Innere Kind?
Die Ressourcen finden	Ressourcen suchen und finden
Ressourcen integrieren	Ressourcen integrieren
Fehlt etwas? Ja	Überprüfung, ob dem inneren Kind im Moment noch Ressourcen fehlen
Sonstige Ressourcen	Welche weiteren, zusätzlichen Ressourcen werden benötigt?
Die Ressourcen finden	Ressourcen suchen und finden
Ressourcen integrieren	Ressourcen integrieren
Fehlt etwas? Ja	Überprüfung, ob im Moment noch weitere Ressourcen fehlen
Der Rahmen wächst	Nun verändern wir das erste Mal aktiv den Lebensrahmen. Wir lassen ihn wachsen.
Überprüfung	Was alles hat sich verändert?

Abbildung 12 Fortsetzung Ablauf Lebensrahmen Meditation Ressourcen integrieren

5.5.　Aus dem Lebensrahmen „fallen"

In diesem Teil der Meditation geht es darum zu zeigen, dass wir aus dem Rahmen herausfallen bzw. treten können, wenn wir das möchten. Dass der Rahmen keine Macht über uns besitzt, sondern dass er wirklich veränderbar ist. Wir können erfahren, dass der Rahmen zu einem Hilfsmittel für uns werden kann und uns nicht einschränken muss.

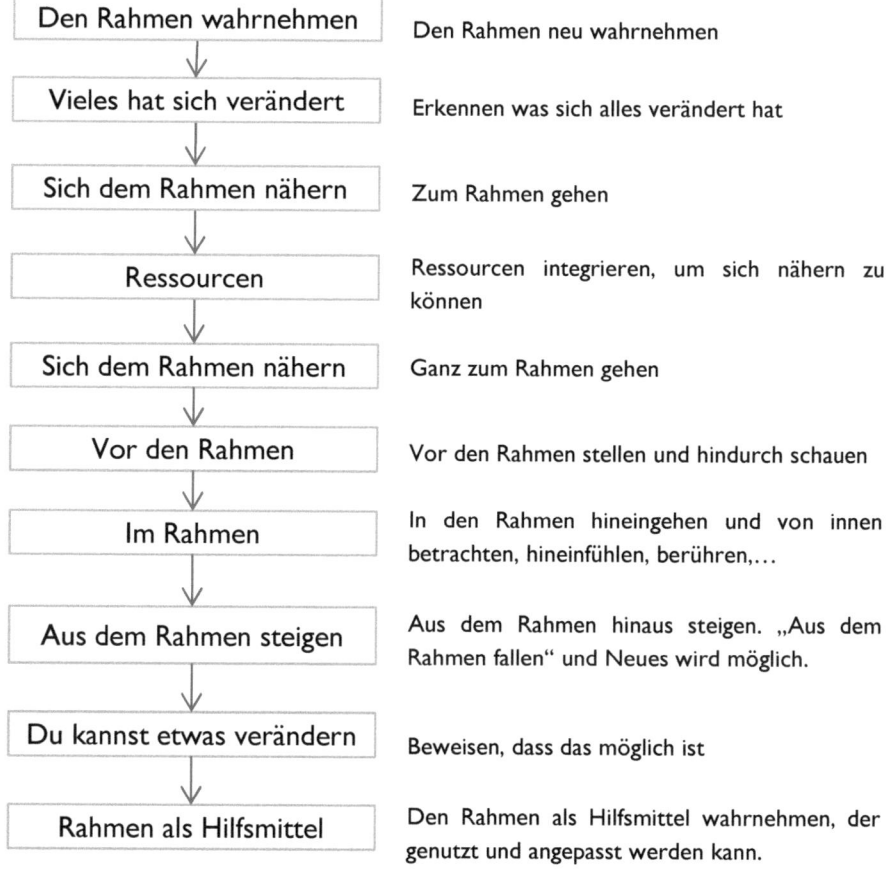

Den Rahmen wahrnehmen	Den Rahmen neu wahrnehmen
Vieles hat sich verändert	Erkennen was sich alles verändert hat
Sich dem Rahmen nähern	Zum Rahmen gehen
Ressourcen	Ressourcen integrieren, um sich nähern zu können
Sich dem Rahmen nähern	Ganz zum Rahmen gehen
Vor den Rahmen	Vor den Rahmen stellen und hindurch schauen
Im Rahmen	In den Rahmen hineingehen und von innen betrachten, hineinfühlen, berühren,…
Aus dem Rahmen steigen	Aus dem Rahmen hinaus steigen. „Aus dem Rahmen fallen" und Neues wird möglich.
Du kannst etwas verändern	Beweisen, dass das möglich ist
Rahmen als Hilfsmittel	Den Rahmen als Hilfsmittel wahrnehmen, der genutzt und angepasst werden kann.

Abbildung 13 Ablauf Lebensrahmenmeditation aus dem Rahmen fallen

5.6.   Den Lebensrahmen anpassen

In diesem Schritt der Lebensrahmen Meditation passen wir den Lebensrahmen an uns und unser derzeitiges Leben an. Das machen wir, indem wir die Art und Weise verändern, wie wir unseren Rahmen wahrnehmen. Ein Griff in die NLP „Werkzeugkiste" hilft uns dabei.

NLP Theorien gehen davon aus, dass wir nichts für sich selbst erleben können, sondern nur über die jeweilige Eigenschaften, d.h. wir erleben den Rahmen als dick, dünn, hell, dunkel, groß, klein, starr, flexibel usw. Verändern wir daher auch nur eine einzige dieser beschreibenden Eigenschaften, verändern wir die Art und Weise, wie wir den Rahmen erleben.

Wir werden daher diese Submodalitäten (Farbe, Größe, Helligkeit,...) des Lebensrahmens an unsere eigenen Bedürfnisse anpassen, sodass sie für uns wesentlich passender als zu Beginn der Arbeit sind. Der Rahmen wird sich für uns dadurch ganz neu anfühlen, wir werden ihn anders und verändert erleben.

Sollte eine Submodalität wichtig sein, die in der Meditation nicht angeführt ist, kann der Coach diese natürlich gerne ergänzen, wenn er einen Klienten durch die Meditation führt. Nachdem man nie alles in einer Meditation berücksichtigen kann, was möglich wäre, habe ich dafür den Platzhalter „was noch angepasst werden kann" in die Meditation integriert.

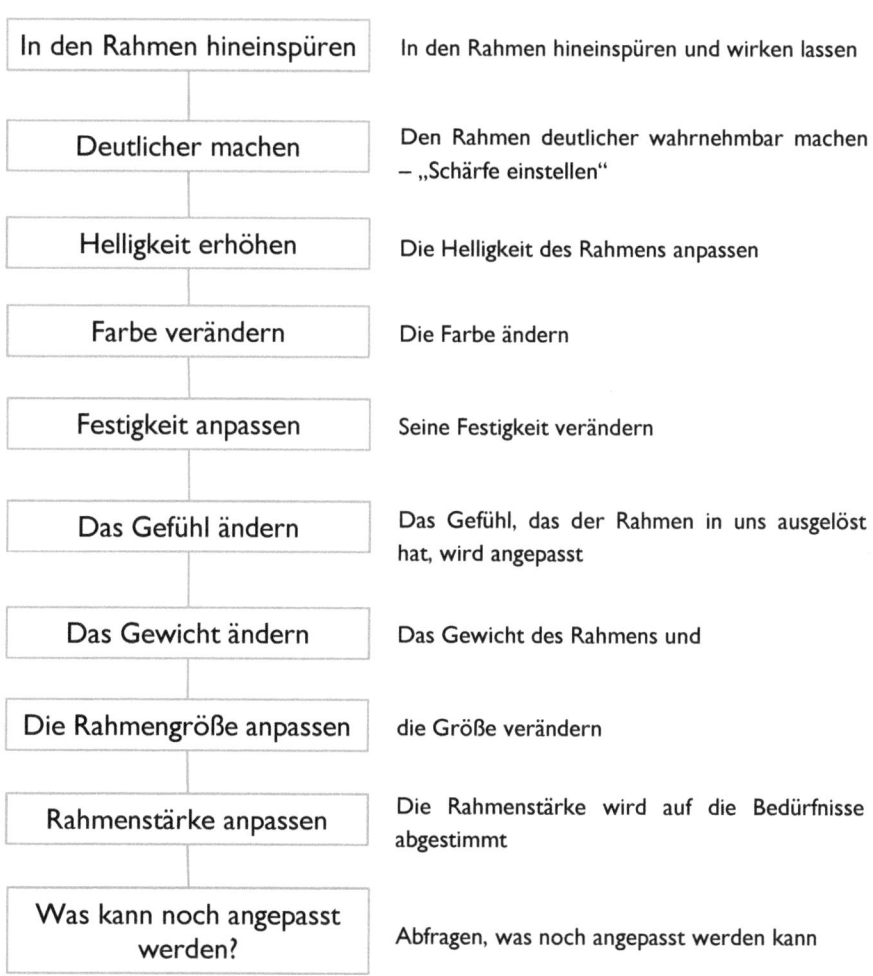

In den Rahmen hineinspüren	In den Rahmen hineinspüren und wirken lassen
Deutlicher machen	Den Rahmen deutlicher wahrnehmbar machen – „Schärfe einstellen"
Helligkeit erhöhen	Die Helligkeit des Rahmens anpassen
Farbe verändern	Die Farbe ändern
Festigkeit anpassen	Seine Festigkeit verändern
Das Gefühl ändern	Das Gefühl, das der Rahmen in uns ausgelöst hat, wird angepasst
Das Gewicht ändern	Das Gewicht des Rahmens und
Die Rahmengröße anpassen	die Größe verändern
Rahmenstärke anpassen	Die Rahmenstärke wird auf die Bedürfnisse abgestimmt
Was kann noch angepasst werden?	Abfragen, was noch angepasst werden kann

Abbildung 14 Ablauf Lebensrahmen Meditation Submodalitäten

5.7. Lebensrahmenbausteinen (optional)

Wenn die Meditation zu lang werden sollte, kann ich an dieser Stelle empfehlen, Schwerpunkte je nach Bedürfnis und Anforderung zu setzen und einzelne oder sogar alle Bausteine zu überspringen, um evtl. später bei passender Gelegenheit gezielt damit zu arbeiten.

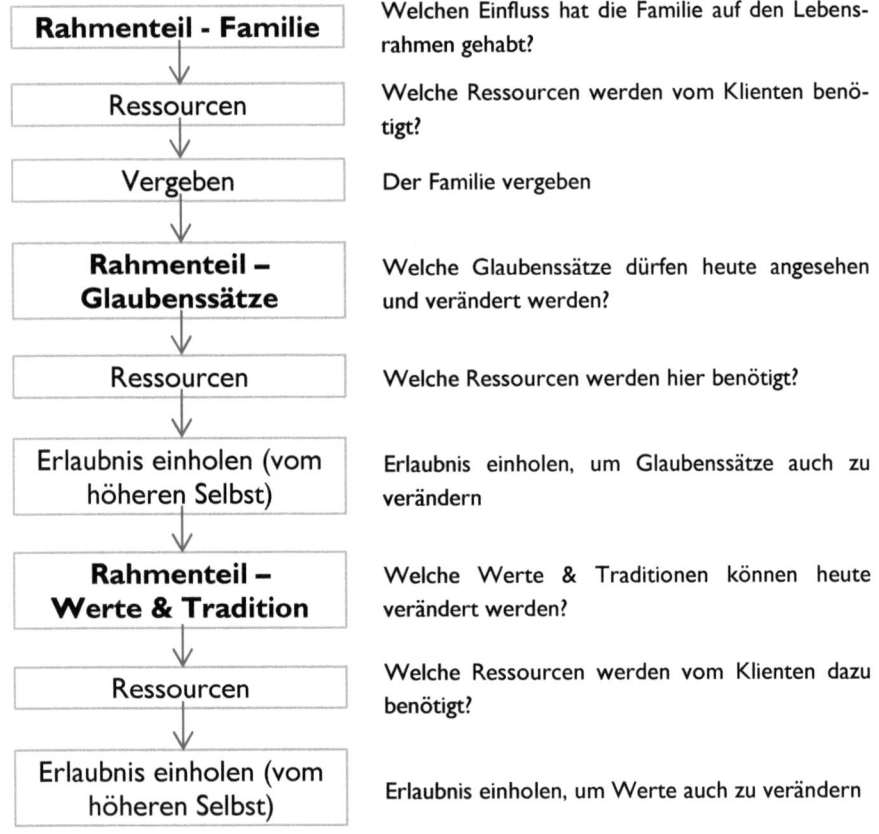

Rahmenteil - Familie	Welchen Einfluss hat die Familie auf den Lebensrahmen gehabt?
Ressourcen	Welche Ressourcen werden vom Klienten benötigt?
Vergeben	Der Familie vergeben
Rahmenteil – Glaubenssätze	Welche Glaubenssätze dürfen heute angesehen und verändert werden?
Ressourcen	Welche Ressourcen werden hier benötigt?
Erlaubnis einholen (vom höheren Selbst)	Erlaubnis einholen, um Glaubenssätze auch zu verändern
Rahmenteil – Werte & Tradition	Welche Werte & Traditionen können heute verändert werden?
Ressourcen	Welche Ressourcen werden vom Klienten dazu benötigt?
Erlaubnis einholen (vom höheren Selbst)	Erlaubnis einholen, um Werte auch zu verändern

Abbildung 15 Ablauf Lebensrahmen Meditation Bausteine

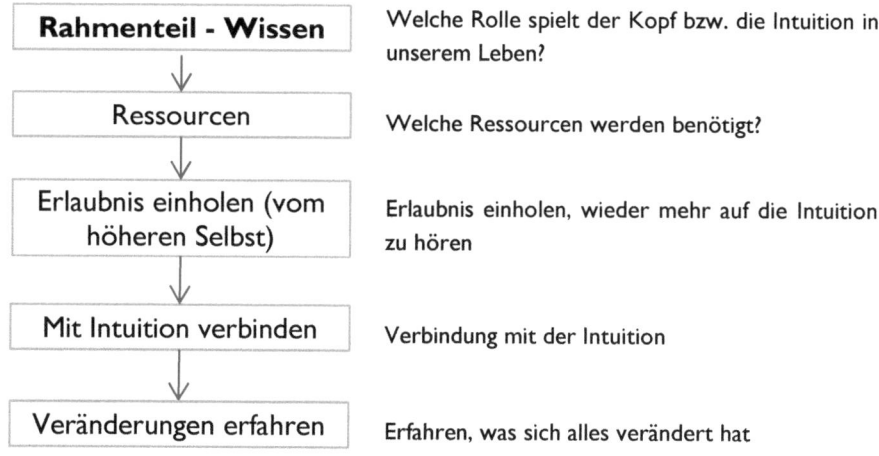

Rahmenteil - Wissen	Welche Rolle spielt der Kopf bzw. die Intuition in unserem Leben?
Ressourcen	Welche Ressourcen werden benötigt?
Erlaubnis einholen (vom höheren Selbst)	Erlaubnis einholen, wieder mehr auf die Intuition zu hören
Mit Intuition verbinden	Verbindung mit der Intuition
Veränderungen erfahren	Erfahren, was sich alles verändert hat

Abbildung 16 Fortsetzung Ablauf Lebensrahmenmeditation Bausteine

5.8. Kleine Zusammenfassung

Die vorstehende Arbeit mit den Lebensrahmenbausteinen ist der Abschluss der eigentlichen Lebensrahmenmeditation. Wir haben unseren Lebensrahmen und die Begrenzungen wahrgenommen, haben die Erlaubnis gegeben und bekommen, etwas in unserem Leben zu verändern. Haben mit den Ängsten und Verpflichtungen, die diese Veränderung blockierten, gearbeitet und haben uns selbst zu mehr Ressourcen verholfen, um dadurch Blockaden (die den Lebensrahmen bilden) aufzulösen. Wir sind aus dem Rahmen gefallen, haben die Submodalitäten an uns angepasst und die Lebensrahmenbausteine bearbeitet. Vieles hat sich dadurch bereits in uns verändert, vieles wird sich noch in der nächsten Zeit für uns ändern. Unser Unterbewusstsein arbeitet weiter an unserem Lebensrahmen, auch noch einige Zeit nach der Meditation.

5.9. Wirkungstest

Zum Abschluss des Lebensrahmencoachings führen wir uns vor Augen, wie sehr sich unser Lebensrahmen in der Meditation verändert hat. Das machen wir, indem wir einerseits die Veränderungen des Lebensrahmens in der Meditation aufzeigen. Andererseits versetzen wir uns in eine Situation, die wir vor dem Coaching als einengend, blockierend etc. empfunden haben. Diese Situation können wir nun innerlich, aus dem neu angepassten Lebensrahmen heraus erleben und entdecken, dass sich die Situation jetzt anders anfühlt und uns neue Handlungsmöglichkeiten zur Verfügung stehen. Wir erleben, wie wir mit dieser und anderen Situationen auf eine neue Art und Weise umgehen können. Wenn wir neue Handlungsmöglichkeit in uns tragen, können wir diese auch in unserer Realität anwenden.

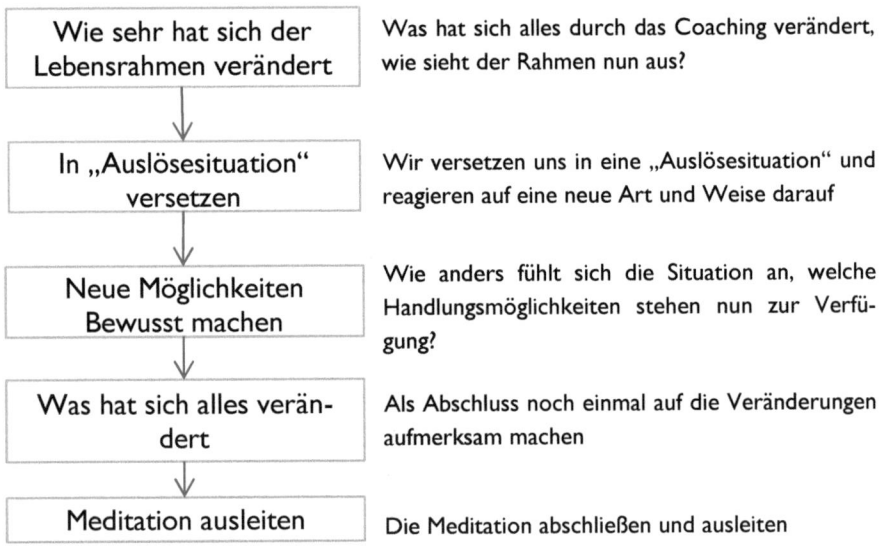

Abbildung 17 Ablauf Lebensrahmen Meditation Wirkungstest

6. Lebensrahmen Meditation - Hauptteil

In der Meditation geht es darum, dir die Bestandteile deines Lebensrahmens, die in dir verborgen liegen, bewusst zu machen, sie zu bejahen
und schlussendlich anzunehmen. Ich bin davon überzeugt, dass unser
System so gestaltet ist, dass es sich alles merkt, was wir erlebt haben.
Aber nicht alle Erinnerungen können wir ohne weiteres abrufen. Sehr
oft aus gutem Grund, denn über manches hat unser Gedächtnis den
Mantel des Vergessens ausgebreitet, um uns zu schützen. Wir hätten
das Erlebte damals - als es geschah - nicht verarbeiten können, deswegen haben wir verdrängt und uns vom Zugang zu diesen Erinnerungen
abgeschnitten. Das heißt aber nicht, dass sie nicht mehr in uns liegen,
denn sowohl Bewusstes als auch Unbewusstes wird in unserem Energie-
system gespeichert und nicht „gelöscht". Es bedeutet nur, dass wir nicht
mehr darauf zugreifen können. Der Ursprung kann dabei in diesem Leben – irgendwann zwischen gerade jetzt und unserer Geburt – liegen,
im Mutterleib oder sogar in einem unserer Vorleben[30] entstanden sein.

Wichtig für uns sind dabei nicht die Erlebnisse an sich, wichtig sind für
uns hauptsächlich die mit dem jeweiligen Erlebnis verbundenen Emotionen. Die Emotionen sind es, die im späteren Verlauf unseres Seins oftmals großen Einfluss auf unser Leben haben. Zumindest solange wir
versuchen, sie unter den Teppich zu kehren und dort zu belassen. He-
ben wir den Teppich an und schauen, was sich darunter verbirgt, verlie-

---

[30] An dieser Stelle ist es irrelevant ob es die Wiedergeburt wirklich gibt – wovon ich
persönlich allerdings überzeugt bin. Viele Klienten schildern in den Sitzungen Erlebnisse,
Geschichten, die sich in vergangenen Zeiten zutragen. Ob das Erlebte dabei wirklich aus
einem früheren Leben stammt, oder das System des Klienten eine z.B. mittelalterliche"
Geschichte rund um ein Erlebnis aus diesem Leben gebaut hat, ist in unserer Arbeit
völlig unwichtig. Wir arbeiten mit dem, was uns der Klient in die Hand gibt, mit seinen
Bildern, unabhängig ob sie erfunden oder real sind. Das kann an anderer Stelle zwar
wichtig sein, nicht aber in der Meditation.

ren sie ihre Kraft und die gestaute Emotion, die Blockade kann sich auflösen.

Damit die Meditation wirklich funktionieren kann, ist es wichtig, dass du dir einen Rahmen schaffst, indem du der Meditation ungestört folgen kannst. Es ist deine Zeit, in der du etwas Gutes für dich tust. Nimm dir also wirklich diese Zeit und schalte dein Handy aus, hänge ein „bitte nicht stören" Schild an die Tür und so weiter. Setze dich während der Meditation so bequem nieder, dass du während der Meditation ruhig sitzen bleiben kannst oder lege dich bequem hin.

Wenn du möchtest, kannst du dir etwas zu schreiben griffbereit zurechtlegen, falls du dir nach der Meditation etwas notieren möchtest.

Du kannst dir die Meditation einfach durchlesen und hineinspüren oder noch einfacher du lädst sie dir kostenfrei[31] auf www.lebensrahmencoaching.org/downloads herunter und hörst sie dir an.

6.1.   Den Lebensrahmen finden

a.   Meditation Einleitung

Du kannst jetzt deine Augen schließen und ganz allmählich ruhiger werden

...

vielleicht kannst du dich sogar langsam immer mehr entspannen.

...

---

[31] Das Angebot ist für meine Leser gültig bis auf Widerruf.

Du hörst meine Stimme, die dich durch diese Meditation begleitet.

…

Fühle deinen Körper, wie er dasitzt oder liegt,

…

fühle wie Luft beim Atmen durch deinen Hals in deine Lunge strömt.

…

Du kannst auch wahrnehmen, wie sich dein Brustkorb hebt und senkt.

…

Wenn du in dich hineinhörst,

…

kannst du vielleicht sogar dein Herz schlagen hören.

…

Wenn du es jetzt hören kannst: Wie schlägt es?

…

Schlägt es entspannt, hoffnungsvoll, traurig, mutig oder anders?

…

Während du dein Herz schlagen hörst,

…

kannst du auch fühlen wie du immer entspannter wirst, immer ruhiger.

...

Während du hörst, wie es schlägt,

...

kannst du auch wissen, dass du deinem Unbewussten vertrauen kannst.

...

Dass du vertrauen kannst, dass es dir zeigt, was heute für dich wichtig ist.

...

Und während du ruhiger wirst, hörst du vielleicht Geräusche,

...

vielleicht hörst du sogar deine Gedanken,

...

doch all das musst du jetzt nicht beachten.

...

All das kann dich sogar immer weiter in die Ruhe und Entspannung führen.

...

Während dich meine Stimme überallhin begleitet,

...

fühlst du, wie sich dein Körper im Rhythmus deiner Atmung bewegt.

...

Und du kannst wissen, dass du nichts tun musst

...

nur meiner Stimme und deinem Unterbewusstsein folgen.

...

b. Wächter installieren

Während du deinem Unbewussten und meiner Stimme folgst

...

kannst du auch wissen, dass ein Teil von dir hellwach bleiben und auf dich aufpassen wird.

...

Falls dieser Teil dich aus berechtigten Gründen warnen möchte,

...

weißt du, dass er das jederzeit kann.

...

Und dieses Wissen und das Gefühl, dich auf diesen Teil deines Selbst verlassen zu können,

...

lässt dich weiter entspannen und ruhiger werden.

...

Während du ruhiger wirst, weißt du, dass du in Sicherheit bist

...

und dass du zuversichtlich auf diese Entdeckungsreise gehen kannst.

c.   Den Rahmen suchen

Aus dieser Zuversicht heraus beginnst du, dich umzusehen

...

und stellst fest, dass du dich an einem Ort befindest, an dem du dich wohlfühlst.

...

Ein Ort den du vielleicht kennst, vielleicht aber auch nicht.

...

Auf jeden Fall ein Ort, an dem du dich sicher und beruhigt fühlen kannst.

...

Beruhigt kannst du dich umschauen und wahrnehmen, was es hier für dich wahrzunehmen gibt.

...

Es ist ein Ort, an dem es alles gibt, alles zu finden ist und alles möglich ist.

...

Einem Ort, an dem du finden kannst, weswegen du heute hier bist.

...

Ein Ort, an dem sich auch deine heimlichsten Wünsche und Sehnsüchte erfüllen können.

...

Und während du beginnst, deine Umgebung wahrzunehmen,

...

weißt du, dass du hier findest, was du suchst,

...

Und dass dir dein Unbewusstes zeigen wird, was gut ist für dich.

...

Und während du das weißt,

...

beginnst du in deinem Tempo, diesen Ort, an dem alles möglich,

...

alles zu finden ist, zu erkunden.

...

Du hörst, was es zu hören gibt,

...

siehst, was es zu sehen gibt,

...

fühlst, was es zu fühlen gibt,

...

riechst, was es zu riechen gibt.

...

Du erkundest den Ort, bis du eine ganz lichte Stelle findest,

...

an der du all die Ängste, die dich hindern, deinen Lebensrahmen zu finden,

...

jetzt an den lieben Gott abgeben kannst.

...

Nachdem du abgegeben hast, was heute abzugeben war,

...

kannst du fühlen, dass sich etwas verändert hat.

...

Du nimmst einfach wahr, was es für dich wahrzunehmen gibt.

...

Auch dass du leichter und freier geworden bist.

...

Während du wahrnimmst, was es wahrzunehmen gibt,

…

bittest du dein Unterbewusstes, dir jetzt deinen Lebensrahmen zu zeigen.

…

Den Rahmen, der dein Leben umgrenzt.

…

Du kannst dir sicher sein, dass du erkennst,

…

dass du wieder erkennst, was dir dein Unterbewusstes zeigen möchte.

…

Während du entstehen lässt, was entsteht

…

und fühlst, was es zu fühlen gibt,

…

kannst du darauf vertrauen, dass du bei deinem Unterbewusstsein in den besten Händen bist.

…

Dass es dir jetzt auch deinen Lebensrahmen zeigt.

…

So, wie es heute gut ist für dich.

...

So, wie du es in deiner derzeitigen Lebenssituation wissen sollst.

...

Nachdem du alles wahrgenommen hast, was für dich wahrzunehmen war,

...

kannst du dich jetzt für alles bedanken, was du wahrnehmen konntest.

...

d.   Das innere Kind suchen lassen

[Anmerkung: nur notwendig wenn der Klient den Rahmen nicht finden kann]

Du beginnst, an deinem Ort an dem alles möglich ist, umher zu gehen,

...

bis du einen Eingang zu diesem Ort entdeckst.

...

Bei diesem Eingang siehst du jetzt ein Kind stehen.

...

Du fühlst, dass du mit diesem Kind verbunden bist

...

und du kannst wissen, dieses Kind bist du selbst in deiner Kindheit.

...

Es ist dein inneres Kind.

…

Weil du das weißt,

…

weißt du auch, dass es gekommen ist, um mit dir deinen Lebensrahmen zu finden.

…

Und du kannst wissen, dass du hier immer finden kannst, was du suchst.

…

Dass du finden wirst, was du suchst.

…

Dass du alles findest, was dir dein Unbewusstes zeigen will.

…

Dass du findest, was gut ist für dich.

…

Während du das weißt, beginnst du in deinem Tempo

…

diesen Ort, an dem alles möglich ist,

…

alles zu finden ist,

...

gemeinsam mit deinem inneren Kind zu erkunden.

...

Bis du eine ganz lichte Stelle findest,

...

an der du all die Ängste, die dich hindern, deinen Lebensrahmen zu finden,

...

jetzt an den lieben Gott abgeben kannst.

...

Nachdem du abgegeben hast, was heute abzugeben war,

...

Kannst du fühlen, dass sich etwas verändert hat.

...

Dass du leichter und freier geworden bist.

...

Du gehst weiter durch diesen Ort,

...

hörst, was es zu hören gibt.

...

Siehst, was es zu sehen gibt.

…

Fühlst, was es zu fühlen gibt.

…

Riechst, was es zu riechen gibt.

…

Nimmst wahr, was es wahrzunehmen gibt.

…

Und während du wahrnimmst, was es wahrzunehmen gibt,

…

bittest du dein inneres Kind, dir deinen Lebensrahmen zu zeigen.

…

Du kannst vertrauen, dass du bei deinem Unterbewusstsein gut aufgehoben bist.

…

Dass du nur zu sehen bekommst, was gut ist für dich.

…

Du kannst vertrauen, dass du deinen Lebensrahmen wahrnehmen kannst.

…

So, wie es jetzt gut ist für dich.

...

Nimm nun deinen Lebensrahmen wahr.

...

Schau ihn dir an und spüre hinein.

...

Du kannst jetzt deinen Lebensrahmen wahrnehmen.

...

So, wie es heute gut ist für dich,

...

So, wie du es in deiner derzeitigen Lebenssituation wissen sollst.

...

Nachdem du alles wahrgenommen hast, was für dich wahrzunehmen war,

...

kannst du dich jetzt für alles bedanken was du wahrnehmen konntest.

...

Wenn du den Rahmen nun so vor Augen hast,

...

kannst du mir jetzt ein Zeichen geben, dass du den Rahmen wahrgenommen hast.

…

e.   Wenn der Klient den Rahmen nicht findet

Selbst wenn du deinen Lebensrahmen nicht wahrgenommen hast,

…

kannst du wissen, dass dein Unbewusstes nur das Beste für dich will.

…

Wenn es dir heute nichts gezeigt hat, dann war die Zeit noch nicht reif dafür.

…

Aber sei dir sicher,

…

wenn die Zeit reif dafür ist, wird dir dein Unterbewusstes zeigen, was du wissen sollst.

…

Vielleicht zeigt es dir jetzt einen Moment voller angenehmer Gefühle.

…

Einen Moment, den du vielleicht erlebt hast, vielleicht auch nicht.

…

Du weißt, dass du ihn bereits gefunden hast,

...

selbst wenn du ihn vielleicht noch nicht klar erkennen kannst.

...

Hole diesen Moment einfach näher an dich heran.

...

Lass ihn größer, bunter, heller und einfach intensiver werden.

...

Genieße das Gefühl, etwas wiedergefunden zu haben

...

und weil du das weißt,

...

kannst du auch wissen, dass du dein Unterbewusstsein jederzeit fragen kannst.

...

Und wann immer du es fragen wirst, wird es Antworten haben für dich.

...

Und jetzt, wo du das weißt, kannst du alles angenehme,

...

alles was du wissen sollst, ins Hier und Jetzt mitnehmen.

...

Auch diesen Moment, den du gezeigt bekommen hast.

...

In deinem Tempo kommst du zurück ins Hier und Jetzt.

...

Und während du immer mehr zurückkommst,

...

wirst du kraftvoller und immer wacher.

...

Wenn du ganz zurück bist, kannst du dich jetzt munter und kraftvoll fühlen.

...

Du bist jetzt wieder ganz und gar im Hier und Jetzt.

...

Lass dir noch ein wenig Zeit, um der Meditation nachspüren.

...

Vielleicht möchtest du dich strecken,

...

tief durchatmen und einfach das Gefühl genießen.

...

f.   Den Rahmen näher betrachten

Schau dir deinen Rahmen an, nimm ihn wahr,

...

fühle hinein in den Rahmen deines Lebens.

...

Du kannst ihn schärfer stellen,

...

das Licht anmachen,

...

alles was du brauchst, um ihn besser wahrnehmen zu können.

...

Wie ist der Rahmen?

...

Wie schaut er aus?

...

Ist er alt, neu oder nichts von beiden?

...

Ist er leicht, schwer oder etwas anderes?

...

Ist er dick, dünn oder irgendwie anders?

....

Ist der Rahmen fest, solide, filigran oder nichts davon?

...

Ist der Rahmen unterbrochen, hat er Löcher oder ist er anders?

....

Welche Farbe hat dein Lebensrahmen?

...

Wie fühlt er sich an für dich?

...

Spüre hinein in diesen Rahmen deines Lebens.

...

Was meinst du?

...

Schränkt er dich ein,

...

unterstützt er dich oder wirkt er auf eine andere Art und Weise?

...

Alles, was heute wichtig für dich ist, kannst du wahrnehmen.

...

Nimm auch wahr, in welchen Bereichen deines Lebens er dich einschränkt.

...

6.2. Die Erlaubnis einholen

Nachdem du deinen Lebensrahmen nun gefunden hast,

...

kannst du wissen, dass du ihn verändern und an dich anpassen darfst.

...

Du kannst jetzt dein höheres Selbst fragen

...

und es wird dir in seiner Weisheit antworten,

...

dass du Herr über dein Leben bist

...

und alles verändern darfst, was immer du möchtest.

...

Du kannst auch wissen, dass du anpassen darfst, was nicht passend ist.

...

Ändern darfst, was zu ändern ist.

...

Du kannst es jetzt wissen,

…

Du darfst deinen Lebensrahmen anpassen,

…

so wie es gut ist für dich.

…

Und du kannst auch wissen,

…

dass du ihn immer wieder verändern und passend machen kannst.

…

Jetzt wo du all das weißt,

…

wird auch das höhere Selbst deiner Eltern dem zustimmen.

…

Selbst der liebe Gott, erlaubt es dir, nachdem du das alles erkannt hast.

…

Nachdem du das alles erfahren hast, kannst du auch wissen,

…

dass du vom lieben Gott gar keine Erlaubnis brauchst.

...

Du darfst so leben, wie du das möchtest.

...

Darfst verändern, was für dich nicht stimmig ist.

...

Und du wirst dafür geliebt, wie du bist.

...

Und du wirst auch für das geliebt, was du veränderst.

...

6.3. Ängste und Verpflichtungen lösen

Nachdem du das alles weißt, schau dir den Rahmen, der dein Leben umgibt, an.

...

Wie fühlt er sich an?

...

Wenn es besser für dich ist,

...

kannst du auch etwas zurückgehen

...

und eine für dich angenehme Distanz von deinem Rahmen einnehmen.

...

So wie es für dich jetzt gut ist.

...

Vielleicht nimmst du auch einfach die Vogelperspektive ein

...

und schaust dir den Rahmen von dort aus an.

...

Stelle für Stelle kannst du ihn dir jetzt anschauen.

...

Fühle hinein in den Rahmen, der dein Leben umgibt.

...

Wie fühlt sich der Rahmen aus deiner neuen Perspektive an?

...

Gibt es Stellen im Rahmen, die dir unangenehm sind,

...

Stellen, die du gar nicht so genau anschauen möchtest?

...

Die in dir vielleicht das Gefühl von Verpflichtung wecken?

...

Stellen, die dir vielleicht sogar etwas Angst machen oder andere Beklemmungen in dir hervorrufen?

...

Wenn du hineinspürst, kannst du auch erkennen,

...

dass du diese Stellen verändern kannst.

...

Weil du genau weißt, was diese Stellen jetzt benötigen.

...

Du weißt das und dein inneres Kind weiß das auch

...

Was brauchen diese Stellen, damit sie dir nicht mehr unangenehm sind,

...

damit sie dir keine Angst mehr machen?

...

Und du dich nicht mehr verpflichtet fühlst.

...

Wenn du dich jetzt fragst, dann wirst du es auch wissen.

…

Denn wenn du fragst, bekommst du Antworten.

…

Dein Unbewusstes weiß es jetzt auch schon.

…

Nachdem du nun bewusst oder unbewusst weißt, was diese Stellen benötigen,

…

kannst du einfach den lieben Gott darum bitten.

…

Wenn diese Stellen Liebe,

…

das Licht vom lieben Gott,

…

Heilung, Vergebung

…

oder etwas ganz anderes benötigen:

…

Der liebe Gott kann dir all das geben, was du brauchst.

…

Denn wenn du bittest, wird dir gegeben werden.

…

So war es immer und so wird es immer sein.

…

Du kannst um alles bitten, was deine Ängste und Verpflichtungen benötigen, damit sie gehen können.

…

Wenn du das möchtest,

…

kannst du jetzt alle deine Ängste an den lieben Gott abgeben.

…

Einfach indem du ihn bittest, sie zu sich zu nehmen.

…

Er wird sie von dir nehmen und ins Licht geben.

…

Und wenn du das möchtest,

…

dann darfst du heute abgeben, was abzugeben ist.

…

Dann darf ins Licht gehen, was jetzt ins Licht gehen darf.

...

Auch all deine Verpflichtungen

...

kannst du jetzt zurückgeben.

...

Alle Verpflichtungen, die dich einschränken

...

und nicht mehr zu deinem höheren Wohl sind,

...

kannst du jetzt an den lieben Gott abgeben.

...

Nachdem du dies alles getan hast,

...

nachdem du Ängste aus dem Lebensrahmen an den lieben Gott überge-
ben hast,

...

nachdem du dich von alten Verpflichtungen und Beklemmungen gelöst
hast:

...

Wie fühlt sich dein Lebensrahmen jetzt an?

...

Gibt es noch Stellen daran, die Angst, Beklemmung oder Verpflichtung in dir auslösen?

...

Wenn ja, dann weißt du ja,

...

dass du den lieben Gott einfach um das bitten kannst,

...

was benötigt wird.

...

Er wird dir alles geben, damit auch diese Stellen frei von Angst oder Verpflichtung werden.

...

Darauf kannst du vertrauen.

...

Wann immer du auf eine Stelle in deinem Lebensrahmen stößt,

...

die Angst in dir auslöst,

...

dann hast du ja nun erfahren, dass du ganz einfach bitten kannst

…

und dir geholfen wird.

…

Immer wenn du Hilfe benötigst,

…

immer wenn du etwas in deinem Leben verändern möchtest,

…

brauchen du und deine Seele nur darum zu bitten.

…

Wie fühlt sich dein Lebensrahmen jetzt an?

…

Wie viel hat sich schon verändert?

…

Wie viel hast du heute schon erfahren können?

…

6.4. Ressourcen integrieren

Nachdem du all das erfahren hast,

…

kannst du nun auch die Distanz zu deinem Lebensrahmen einnehmen,

...

die gut ist für dich.

...

So wie es sich stimmig anfühlt für dich.

...

Schau dir den Rahmen jetzt an.

...

Wie fühlt er sich an für dich?

...

Stelle für Stelle kannst du ihn dir jetzt anschauen.

...

Fühle in ihn hinein und nimm wahr, was es für dich wahrzunehmen gibt.

...

Wie würdest du den Rahmen beschreiben?

...

Gibt es dunkle oder beschädigte Stellen in deinem Rahmen?

...

Stellen, die sich für dich nicht so gut anfühlen?

...

Stellen, die etwas benötigen?

…

Unbesorgt kannst du dein erwachsenes Ich jetzt fragen,

…

was diese Stellen benötigen.

…

Benötigen sie Liebe, Licht vom lieben Gott,

…

Aufmerksamkeit, Mut, Annahme.

…

Was immer sie brauchen, jetzt kannst du es erfahren.

…

Und du kannst jetzt auch erfahren,

…

dass du hier und heute alles haben kannst, was diese Stellen benötigen.

…

Braucht dein Lebensrahmen Liebe, dann bitte den lieben Gott um diese Liebe.

…

Braucht dein Lebensrahmen Licht vom lieben Gott, dann bitte ihn um sein Licht.

...

Braucht dein Lebensrahmen etwas anderes, dann bitte den lieben Gott darum.

...

Was immer du brauchst, jetzt oder später,

...

du darfst und kannst den lieben Gott darum bitten.

...

Denn wenn du bittest, wird dir gegeben werden.

...

Das war immer so, das ist so und das wird immer so sein.

...

Du musst einfach nur darum bitten.

...

Und du kannst darauf vertrauen, dass du jetzt all das bekommst, worum du bittest.

...

Nachdem du bekommen hast, worum du gebeten hast,

…

wie fühlt sich der Rahmen jetzt an?

…

Wie hat er sich verändert?

…

Wenn es noch dunkle oder beschädigte Stellen in deinem Rahmen gibt,

…

dann bitte den lieben Gott, sie zu verändern.

…

Dann bitte den lieben Gott dir zu geben, was du benötigst.

…

Wenn du bittest, dann kannst du auch fühlen, dass sich etwas verändert.

…

Nachdem sich verändert hat, was sich heute verändern konnte,

…

nachdem du integriert hast, was heute zu integrieren war,

…

kannst du dein inneres Kind bitten, sich gemeinsam mit dir den Rahmen anzusehen.

…

Du kannst ganz unbesorgt sein.

...

Du bist nun in der Lage, ihm die Sicherheit zu geben, die es braucht.

...

Gemeinsam schaut ihr euch den Rahmen an, der euer Leben umgrenzt.

...

Wie fühlt er sich nun an?

...

Nimmt dein inneres Kind vielleicht dunkle oder beschädigte Stellen wahr?

...

Stellen, die sich für dein jüngeres Ich nicht so gut anfühlen?

...

Stellen, denen etwas fehlt?

...

Unbesorgt kannst du dein inneres Kind jetzt fragen, was diese Stellen benötigen.

...

Benötigen sie vielleicht Liebe, Licht vom lieben Gott,

...

Aufmerksamkeit, Mut, Annahme, Vergebung oder etwas anderes?

…

Was immer sie brauchen, jetzt kann es dein inneres Kind erfahren.

…

Und es kann jetzt auch erfahren,

…

dass es hier und heute alles haben kann, was diese Stellen benötigen.

…

Braucht es Liebe, dann bittet es den lieben Gott um diese Liebe.

…

Braucht es Licht vom lieben Gott, dann bittet es ihn um sein Licht.

…

Braucht es etwas anderes, dann bittet es den lieben Gott darum.

…

Was immer es braucht, jetzt oder später, dein inneres Kind darf und kann den lieben Gott darum bitten.

…

Denn wenn du bittest, wird dir gegeben werden.

…

Das war immer so, das ist so und das wird immer so sein.

...

Es muss einfach nur darum bitten.

...

Und dein inneres Kind kann darauf vertrauen, dass es jetzt all das bekommt, worum es bittet.

...

Nachdem es bekommen hat, worum es gebeten hat,

...

wie fühlt sich der Rahmen jetzt an?

...

Wie hat er sich verändert?

...

Wenn es noch dunkle oder beschädigte Stellen in deinem Rahmen gibt,

...

dann kann dein jüngeres Ich den lieben Gott bitten, sie zu verändern.

...

Wenn es bittet, dann kannst auch du fühlen, dass sich etwas verändert.

...

Nachdem sich verändert hat, was sich heute verändern konnte,

...

nachdem du integriert hast, was heute zu integrieren war,

...

bedanke dich bei deinem inneren Kind für seinen Mut und seine Hilfe.

...

Bitte nun den lieben Gott, alles von dir zu nehmen, was dir heute abgenommen

...

und dir alles zurückzugeben, das dir heute zurückgegeben werden kann.

...

Betrachte nun deinen Lebensrahmen.

...

Wie viel hat sich jetzt schon verändert?

...

Durch all das, was du heute integrieren konntest,

...

kannst du deinen Rahmen jetzt größer werden lassen.

...

Stell dir vor,

...

beobachte vor deinem inneren Auge, wie dein Lebensrahmen jetzt größer wird,

...

wie er sich immer mehr an dein Leben anpasst,

...

so wie es heute gut ist für dich.

...

Und während dein Lebensrahmen größer wird, sich immer mehr an dich anpasst,

...

kannst du auch fühlen, dass dein Leben leichter wird.

...

Du kannst es genießen und fühlen wie es immer leichter wird.

6.5.   Aus dem Rahmen fallen

Während du dieses Gefühl noch genießt,

...

kannst du dich nun deinem Lebensrahmen nähern.

...

Und während du dich ihm näherst,

...

kannst du immer deutlicher erkennen, wieviel sich schon verändert hat.

…

Du näherst dich, kommst immer näher

…

und näher.

…

Falls du - während du dich ihm näherst – entdecken solltest,

…

dass du noch etwas brauchst, dann bitte den lieben Gott jetzt darum.

…

Und du bekommst es.

…

Jetzt kannst du alles bekommen, was du benötigst.

…

Alles was gut ist für dich, kannst du bekommen!

…

Du näherst dich dem Rahmen,

…

bittest um Ressourcen, wenn du sie benötigst,

...

bis du jetzt direkt vor deinem Lebensrahmen stehst.

...

Wie fühlt es sich hier an?

...

Wie fühlt es sich an, durch deinen Lebensrahmen in dein Leben zu schauen?

...

Wie wirkt er auf dein Leben ein?

...

Fühle hinein, nimm ihn mit all deinen Sinnen wahr.

...

Wie fühlt er sich an?

...

Wenn du jetzt dazu bereit bist,

...

dann stell dich nun in den Rahmen hinein.

...

Wie fühlt es sich an für dich?

...

Alles was wichtig für dich ist, kannst du jetzt wahrnehmen.

...

Wie nimmst du deinen Rahmen wahr?

...

Ist er dick, dünn, groß, klein oder anders?

...

Fühle hinein und nimm alles wahr,

...

was du jetzt wahrnehmen kannst.

...

Fühlst du dich eingeschränkt, beschützt, oder ganz anders?

...

Nimm wahr, wie dich dein Lebensrahmen im Moment einschränkt,

...

nimm aber auch wahr, was er Gutes für dich im Leben tut,

...

welche Aufgaben er für dich erfüllt.

...

Wenn es dir zu dunkel ist, dann dreh einfach das Licht heller.

...

Dein Unbewusstes weiß, wie es das machen kann.

...

Es weiß auch, dass du verändern kannst, was dich sonst stört.

...

Nachdem du verändert hast, was jetzt zu verändern war,

...

nachdem du gefühlt hast, was du heute in deinem Rahmen fühlen konntest,

...

ist es jetzt Zeit, den nächsten Schritt zu machen.

...

Den Schritt aus deinem Rahmen hinaus.

...

Du entschließt dich jetzt, diesen Schritt zu gehen,

...

denn du darfst ihn jetzt gehen.

...

Und in deinem Tempo gehst du deinen Schritt jetzt.

...

Du steigst aus deinem Lebensrahmen hinaus und

...

stehst jetzt außerhalb des Rahmens, der dich so lange durch dein Leben begleitet hat.

...

Du bist ihn gegangen, den Schritt aus dem Lebensrahmen hinaus.

...

Den Schritt, der dir gezeigt hat, dass du den Rahmen verlassen kannst, wenn du das möchtest.

...

Den Schritt, der dir gezeigt hat, dass du etwas verändern kannst.

...

Den Schritt, der dir auch bewiesen hat, dass der Rahmen eine Unterstützung für dich sein kann,

...

wenn du ihn an dich anpasst.

...

Nimm wahr, wie es sich anfühlt, aus dem Rahmen herausgestiegen zu sein.

...

Vielleicht fühlt es sich etwas ungewohnt an, vielleicht auch nicht.

...

Du kannst aber auch wissen,

...

dass es unabhängig davon, wie es sich anfühlt,

...

ein wichtiger Schritt für dich war.

...

Du kannst auch wissen, dass du von nun an immer wieder aus deinem Rahmen heraussteigen kannst,

...

dass du in einen neuen Rahmen, einen passenderen hineinsteigen kannst, wenn du das möchtest.

...

Du kannst aber auch wissen, dass du ohne Rahmen sein kannst, solange du das möchtest.

...

Es ist gut, so wie es sich gut für dich anfühlt.

...

Denn das ist in Wahrheit die Aufgabe deines Lebensrahmens, er soll dich unterstützen,

...

dir helfen und sich gut anfühlen.

…

Und genau das, wird er in Zukunft tun,

…

solange, bis du wieder etwas ändern möchtest.

…

Dann kannst du es einfach verändern.

…

So oft du möchtest.

…

So oft es sich gut anfühlt für dich.

6.6.   Submodalitäten anpassen

Jetzt nachdem du aus deinem Rahmen gestiegen bist,

…

kannst du ihn dir in Ruhe anschauen,

…

kannst ihn auch einfach deutlicher, schärfer

…

oder klarer sichtbar machen, so wie es gut ist für dich.

...

Während du das tust,

...

während dein Lebensrahmen deutlicher wird,

...

kannst du immer fühlen, was für dich gut ist.

...

Wenn dein Rahmen so deutlich wahrzunehmen ist,

...

wie es jetzt gut ist,

...

kannst du auch die Helligkeit verändern,

...

so, wie es gut ist für dich.

...

Du kannst ihn heller stellen oder auch anders.

...

Das geht ganz einfach für dich,

...

denn dein Unbewusstes weiß, wie es geht.

...

In deiner Geschwindigkeit passt du nun die Helligkeit an dich an.

...

Nachdem du sie angepasst hast,

...

kannst du jetzt auch die Farbe deines Rahmens ändern,

...

so, wie es gut ist für dich.

...

Vielleicht wird es eine wärmere Farbe,

...

vielleicht eine kältere Farbe,

...

vielleicht machst du den Rahmen auch bunt,

...

welche Farbe auch immer für dich jetzt gut ist,

...

du kannst sie deinem Lebensrahmen jetzt geben.

...

Wie fühlt sich dein Lebensrahmen nun an?

...

Nachdem du ihn deutlicher gemacht hast,

...

nachdem du seine Helligkeit an dich angepasst hast

...

und nachdem du seine Farbe an dich angepasst hast.

...

Wie fühlt er sich nun an für dich?

...

Was hat sich bereits verändert für dich?

...

Jetzt wo du all das schon erfahren hast,

...

kannst du deinen Lebensrahmen auch weiter anpassen.

...

Du kannst jetzt auch seine Festigkeit und das Material, aus dem er ist, anpassen,

...

kannst den Rahmen fester, weniger fest oder anders machen.

…

So, wie es für dich gut ist.

…

Und wie immer weiß dein Unbewusstes, wie es das machen kann.

…

Mit diesem Wissen kannst du die Festigkeit und sein Material ganz einfach an dich anpassen.

…

Fühle hinein, wie sich die Festigkeit verändert.

…

Wie sie immer passender für dich wird.

…

Nachdem du seine Festigkeit und das Material, aus dem er gemacht ist, nun an dich angepasst hast,

…

wie fühlt sich dein Lebensrahmen an?

…

Fühle, was es für dich zu fühlen gibt.

…

Während du das fühlst, kannst du auch wissen,

...

dass du ebenso das Gefühl ändern kannst.

...

Du kannst sogar anpassen, wie sich dein Lebensrahmen anfühlt.

...

Wenn du das möchtest, kannst du jetzt das Gefühl ändern,

...

so dass sich dein Lebensrahmen, frei, leicht, freudvoll, geräumig oder auch anders anfühlt.

...

Auf jeden Fall ist das neue Gefühl,

...

die neuen Gefühle passend für dich.

...

Nachdem du passend gemacht hast, was passend zu machen war,

...

kannst du, wenn du es möchtest, auch sein Gewicht verändern.

...

Kannst ihn leichter oder schwerer oder anders machen.

…

Du kannst ihn so verändern, dass er sich immer besser für dich anfühlt.

…

Und wie immer weiß dein Unbewusstes, wie es das machen kann.

…

Es weiß auch, wie es die Größe deines Lebensrahmens an dich anpassen kann.

…

Aus diesem Wissen heraus

…

kannst du den Rahmen größer, kleiner oder anders machen.

…

So, wie es gut ist für dich.

…

So, wie es richtig ist für dich.

…

So kannst du den Rahmen wachsen oder schrumpfen lassen.

…

Solange bis er genau die Größe hat, die gut ist für dich.

…

Und das kannst du immer wieder tun.

...

Immer wenn du es möchtest,

...

kannst du deinen Lebensrahmen an dich anpassen.

...

So, wie du jetzt auch die Rahmenstärke verändern kannst.

...

Du kannst sie dünner, dicker, weicher oder ganz anders machen.

...

Es ist schließlich dein Lebensrahmen,

...

an dem du auch ändern kannst, was sich nicht stimmig anfühlt für dich.

...

Dir gehört dein Lebensrahmen.

...

Daher kannst auch nur du über ihn bestimmen.

...

Weil du das weißt, kannst du die Rahmenstärke jetzt auch ganz einfach an dich anpassen.

…

Ohne große Mühe, einfach nur weil du weißt, dass du es kannst.

…

Und so passt du auch die Stärke deines Rahmens genau an dich an.

…

So, dass er passt wie für dich gemacht.

…

Und das ist er ja schließlich auch.

…

Daher kannst du auch alles andere anpassen,

…

alles was du anpassen möchtest.

…

Und wie immer weiß dein Unbewusstes, wie das zu tun ist,

…

wie es jetzt zu ändern ist.

…

Und du kannst jetzt alles verändern, was noch zu verändern ist.

…

Nachdem du verändert hast, was alles zu verändern war,

...

kannst du in deinen Lebensrahmen hineinspüren.

...

Wie fühlt er sich nun an?

...

Wie sehr hat er sich verändert?

...

6.7.   Wirkungstest und Meditationsausleitung

Nachdem du nun wissen kannst, wie viel sich heute verändert hat,

...

wie sehr sich dein Lebensrahmen gewandelt hat

...

und wie viel er dich in deinem Leben unterstützt,

...

kannst du nun gedanklich in eine Situation gehen,

...

in der dich dein Lebensrahmen bisher immer eingeschränkt hat.

...

Stell dir eine solche Situation vor deinem geistigen Auge vor.

...

Lass sie deutlicher werden, näher zu dir kommen.

...

Und bleibe dir immer bewusst, dass sich dein Lebensrahmen sehr verändert hat.

...

Dass du nun in dieser und allen anderen Situationen anders handeln
kannst.

...

Dass du ganz neue Handlungsmöglichkeiten bekommen hast und

...

neue Ideen, wie du auf diese und andere Situationen reagieren kannst.

...

Aus diesen neuen Möglichkeiten heraus, wie wirst du in dieser Situation
handeln?

...

Stell dir vor wie du jetzt in dieser Situation handeln wirst.

...

Lass das Bild von dir in der neuen Situation deutlicher werden.

...

Mach dir ruhig bewusst, welche neuen Möglichkeiten dir jetzt schon zur Verfügung stehen.

...

Mach dir bewusst, was sich alles verändert hat.

...

Mach dir sogar bewusst,

...

dass dich dein neuer Lebensrahmen viel mehr unterstützt als der alte

...

und stell dir vor, wie du nun völlig neu in dieser Situation agieren kannst.

...

Spüre hinein in die Situation,

...

wie es dir damit geht.

...

Wie sehr fühlt sie sich heute anders an als ähnliche Situationen, die du früher erlebt hast.

...

Du kannst diese Veränderung auch genießen,

...

dich darüber freuen.

...

Du kannst dich auch leichter fühlen, befreiter

...

und du kannst dir sicher sein,

...

dass du diese neuen Möglichkeiten in dein reales Leben mitnimmst.

...

Alles, was du heute verändert hast, wird sich auch in deinem Leben auswirken.

...

Wird dir neue Möglichkeiten aufzeigen.

...

Nachdem du all das weißt,

...

nachdem du alles erfahren hast, was heute für dich zu erfahren war,

...

kannst du jetzt wieder aus dieser Situation hinausgehen

...

und wenn du möchtest in eine zukünftige Situation hineingehen

...

und entdecken, wie du dort anders handeln kannst.

...

Dein Unterbewusstsein wird dich dabei führen, dir dabei helfen

...

und dich dabei unterstützen.

...

Nimm wahr, was du wahrnehmen kannst.

...

Wenn du nun wahrgenommen hast,

...

was wahrzunehmen war,

...

dann kannst du jetzt in deiner Geschwindigkeit wieder hierher zurückkommen.

...

Zurück ins Hier und Jetzt,

...

zurück in diesen Raum.

…

Atme ein paar Mal tief durch.

…

Wenn du das möchtest, kannst du dich strecken

…

oder einfach noch ein wenig dem Erlebten nachspüren.

…

7.   Lebensrahmen „Bausteine Meditation"

Nachdem wir in der vorherigen Meditation ganz allgemein mit dem Lebensrahmen gearbeitet haben, wenden wir uns in dieser Meditation den einzelnen Bausteine (also der Familie, den Werten etc. wie in Kapitel 2.4 beschrieben) des Lebensrahmens zu. So können wir ganz gezielt auf einzelne Themenbereiche eingehen und Schwerpunkte setzen. Als Beginn der Meditation verwenden wir die entsprechenden Teile aus Kapitel 6. Diese zweite „Bausteine"-Meditation ist ebenfalls auf meiner Homepage[32] für Leserinnen downloadbar.

Kapitel 6.1.a - Einleitung der Meditation

Kapitel 6.1.b. – Wächter installieren

…

Schau dir den Rahmen deines Lebens in Ruhe an.

…

Vielleicht gehst du etwas zurück, weiter weg von deinem Rahmen.

...

So weit, wie es für dich jetzt gut ist.

…

Vielleicht nimmst du auch einfach die Vogelperspektive ein

---

[32] www.lebensrahmencoaching.at/download

...

und schaust dir den Rahmen jetzt von oben an.

...

Stelle für Stelle kannst du ihn dir jetzt anschauen.

...

Fühle in ihn hinein und nimm wahr, was es für dich wahrzunehmen gibt.

...

Gibt es vielleicht dunkle oder beschädigte Stellen in deinem Rahmen?

...

Stellen, die sich für dich nicht so gut anfühlen?

...

a. Baustein - Familie

Stellen, die etwas mit deiner Familie zu tun haben?

...

Stellen, die heute vielleicht etwas benötigen?

...

Spür hinein, wo sind solche Stellen in deinem Lebensrahmen?

...

Was benötigst du heute für deine Familie?

...

Was benötigst du, damit das Problem, das mit deiner Familie zu tun hat, heilen darf?

...

Damit diese Stellen nicht mehr dunkel oder beschädigt sind?

...

Unbesorgt kannst du jetzt fragen, was diese Stellen benötigen.

...

Und du wirst es wissen.

...

Denn auf jede Frage bekommst du eine Antwort.

...

Benötigen sie vielleicht Liebe, Licht vom lieben Gott,

...

Aufmerksamkeit, Mut, Annahme, die Kraft verzeihen zu können oder etwas anderes?

...

Was immer sie brauchen, du kannst es erfahren.

...

Und du kannst jetzt auch erfahren,

...

dass du hier und heute alles haben kannst, was du benötigst.

...

Brauchst du Liebe, dann bitte den lieben Gott um diese Liebe.

...

Brauchst du Licht vom lieben Gott, dann bitte ihn um sein Licht.

...

Möchtest du verzeihen, dann bitte den lieben Gott um Hilfe dabei.

...

Möchtest du um Vergebung bitten, dann bitte den lieben Gott um seine Hilfe.

...

Brauchst du etwas anderes, dann bitte den lieben Gott darum.

...

Was immer du brauchst, jetzt oder später,

...

du darfst und kannst den lieben Gott darum bitten.

...

Denn wenn du bittest, wird dir gegeben werden.

...

Das war immer so, das ist so und das wird immer so sein.

...

Du musst einfach nur darum bitten.

...

Und du kannst darauf vertrauen, dass du jetzt all das bekommst, worum du bittest.

...

Nachdem du bekommen hast, worum du gebeten hast.

...

Wie fühlt sich der Rahmen jetzt an?

...

Wie hat er sich verändert?

...

Wenn es noch dunkle oder beschädigte Stellen in deinem Rahmen gibt,

...

dann kannst du den lieben Gott bitten, sie jetzt zu verändern.

...

Wenn du bittest, dann kannst auch du fühlen, dass sich etwas verändert.

...

Nachdem sich verändert hat, was sich heute verändern konnte,

...

nachdem du integriert hast, was heute zu integrieren war,

...

kannst du dein inneres Kind fragen,

...

was es noch für die Familie benötigt.

...

Was immer dein inneres Kind benötigt, damit Familienthemen heilen können,

...

was auch immer es benötigt,

...

es kann jetzt den lieben Gott darum bitten.

...

Und dein inneres Kind kann darauf vertrauen,

...

dass es all das bekommt, worum es bittet.

...

Nachdem es bekommen hat, worum es gebeten hat,

...

wie fühlt sich der Rahmen jetzt an?

…

Wie hat er sich verändert?

…

Wenn es noch dunkle oder beschädigte Stellen in deinem Rahmen gibt,

…

dann kann dein jüngeres Ich den lieben Gott bitten, sie zu verändern.

…

Wenn es bittet, dann kannst auch du fühlen, dass sich etwas verändert.

…

Nachdem sich verändert hat, was sich heute verändern konnte.

…

Nachdem du integriert hast, was heute zu integrieren war.

…

Sag danke zu deinem inneren Kind für seinen Mut und seine Hilfe

…

und betrachte nun deinen Lebensrahmen.

…

Wie viel hat sich jetzt schon verändert?

...

Wie viele Familienstellen im Rahmen sind schon verändert?

...

Durch all das, was du heute integrieren konntest,

...

kannst du deinen Rahmen, jetzt größer werden lassen.

...

Stell dir vor,

...

beobachte vor deinem inneren Auge,

...

wie sich dein Lebensrahmen immer mehr an dein Leben anpasst,

...

so wie es heute gut ist für dich.

...

Und während er sich anpasst,

...

kannst du auch fühlen, dass dein Leben leichter wird.

...

Und das ist ein gutes Gefühl, da kannst du sicher sein.

…

Genieße das Gefühl, heute viel verändert zu haben.

…

Du kannst nun deiner Familie auch einfach verzeihen.

…

Für all das, was für dich nicht das Beste war.

…

Und du kannst auch wissen, wie immer sie gehandelt haben,

…

im Rahmen ihrer Möglichkeiten war es das Beste, was sie tun konnten.

…

Nachdem dir das bewusst geworden ist,

…

kannst du ihnen jetzt vielleicht auch einfach verzeihen.

…

So, wie es für dich am besten ist.

…

Fühle noch einmal in deinen Lebensrahmen hinein.

…

Nimm wahr, wie viel sich verändert hat.

…

b.   Glaubenssätze

Nachdem du all das erfahren hast,

…

all das gesehen hast,

…

kannst du nun auch sehen,

…

wie in deinem Rahmen ein Bild entsteht.

…

Ein Bild, das dir deine Glaubenssätze und deine Annahmen über das Leben zeigt,

…

die dich in deinem Leben blockieren.

…

All das kannst du in diesem Bild wahrnehmen.

…

Wenn du etwas nicht wahrnehmen kannst,

…

dann bitte einfach den lieben Gott, dir dabei zu helfen.

…

Und du wirst erfahren, was für dich heute zu erfahren ist.

…

Satz für Satz, Bild für Bild, Gefühl für Gefühl kannst du so wahrnehmen,

…

kannst wahrnehmen, was dich bisher in deinem Leben behindert hat.

…

Du kannst auch wissen, dass

…

alles was sich zeigt, heute ins Licht vom lieben Gott gehen darf.

…

Alles was sich zeigt, darf sich heute für dich zum Positiven verändern

…

und so ändert sich Glaubenssatz für Glaubenssatz in dir.

…

Immer wieder tauchen alte Glaubenssätze

…

und Annahmen über das Leben in dem Rahmen auf.

...

Solange, bis alles gezeigt worden ist, was heute zu sehen war.

...

Solange bis du wahrgenommen hast, was zu deinem höchsten Wohle ist.

...

Nachdem du alles wahrgenommen hast,

...

kannst du dich fragen, ob es noch etwas gibt, das du benötigst?

...

Wenn ja, kannst du nun den lieben Gott einfach darum bitten.

...

Und alles, worum du bittest wird dir gegeben werden.

...

Nachdem du gebeten hast, worum du bitten wolltest

...

und alles was dich blockierte, ins Licht vom lieben Gott gegangen ist,

...

kannst du nun darum bitten, deine geheilten Glaubenssätze

...

und Annahmen über das Leben in dem Bild zu sehen.

...

Auch sie wirst du wahrnehmen können.

...

Ein neues Bild taucht in deinem Rahmen auf.

...

Ein verändertes Bild, ein stimmigeres Bild.

...

Und in deiner Geschwindigkeit

...

zeigen sich deine neuen, veränderten Glaubenssätze und Annahmen.

...

Wie fühlt es sich an, das Neue wahrzunehmen?

...

Glaubenssatz für Glaubenssatz,

...

Annahme für Annahme.

...

Alles, was du heute wahrnehmen kannst,

...

zeigt sich dir jetzt in deinem Lebensrahmen.

...

Alles was geheilt worden ist,

...

kannst du jetzt in deinem Lebensrahmen wahrnehmen.

...

Nachdem du all das wahrgenommen hast,

...

nachdem du all das erfahren hast,

...

nachdem du all das wissen kannst,

...

kannst du auch wissen, dass du immer wieder

...

deine Glaubenssätze und

...

deine Annahmen über das Leben verändern kannst.

…

So oft es gut ist für dich.

…

Nun kannst du auch um ein Geschenk bitten.

…

Und der liebe Gott wird es dir geben.

…

Du kannst ein Bild als Geschenk in deinem Lebensrahmen wahrnehmen.

…

Dieses Bild, dieses Geschenk

…

wird dir in deinem Leben helfen.

…

Fühle hinein in dieses dein Geschenk.

…

Nimm die Liebe vom lieben Gott wahr,

…

die in deinem Geschenk liegt.

…

Fühle hinein und nimm sie wahr.

...

Wenn du sie wahrgenommen hast,

...

dann fühle noch einmal in deinen Lebensrahmen hinein

...

und nimm wahr, wie viel sich heute schon verändert hat.

...

c.   Werte und Traditionen

Und weil sich schon so viel verändert hat,

...

kannst du auch noch mehr für dich verändern.

...

Nimm deinen Lebensrahmen weiter wahr und schau ihn dir an.

...

Gibt es vielleicht dunkle oder beschädigte Stellen in deinem Rahmen?

...

Stellen, die sich für dich nicht so gut anfühlen?

...

Stellen, die etwas mit deinen Werten

…

oder den Traditionen, nach denen du lebst, zu tun haben?

…

Stellen, die heute etwas benötigen?

…

Spür hinein, wo sind solche Stellen in deinem Lebensrahmen?

…

Was benötigen deine bisherigen Werte und Traditionen heute?

…

Was benötigst du, damit alles, was mit ihnen zu tun hat, heilen darf?

…

Was benötigst du, damit diese Stellen hell und heil werden?

…

Unbesorgt kannst du jetzt fragen, was dazu nötig ist.

…

Und du wirst es wissen.

…

Benötigen sie vielleicht Liebe, Licht vom lieben Gott,

...

Aufmerksamkeit, Mut, Loslassen, Annahme, Stärke oder etwas anderes?

...

Was immer sie brauchen, jetzt kannst du es erfahren.

...

Und du kannst jetzt auch erfahren,

...

dass du hier und heute alles geschenkt bekommst, was du benötigst.

...

Brauchst du Liebe, dann bitte den lieben Gott um diese Liebe.

...

Brauchst du Licht vom lieben Gott, dann bitte ihn um sein Licht.

...

Benötigst du Mut, um das Alte gehen zu lassen, dann bitte den lieben Gott um seine Hilfe.

...

Wenn du etwas anderes benötigst, dann bitte den lieben Gott darum.

...

Was immer du brauchst, jetzt oder später,

...

du darfst und kannst den lieben Gott einfach darum bitten.

…

Denn wenn du bittest, wird dir gegeben werden.

…

Das war immer so, das ist so und das wird immer so sein.

…

Du musst einfach nur darum bitten.

…

Und du kannst darauf vertrauen, dass du jetzt all das bekommst, worum du bittest.

…

Nachdem du bekommen hast, worum du gebeten hast,

…

dein Rahmen all das aufgenommen hat, was du erhalten hast,

…

wie fühlt sich der Rahmen jetzt an?

…

Wie hat er sich verändert?

…

Falls es noch dunkle oder beschädigte Stellen in deinem Rahmen gibt,

...

dann kannst du den lieben Gott jetzt bitten, sie zu verändern.

...

Wenn du bittest, dann kannst du fühlen, dass sich etwas verändert.

...

Nachdem sich verändert hat, was sich heute verändern konnte,

...

nachdem du integriert hast, was heute zu integrieren war,

...

kannst du dein inneres Kind fragen,

...

was es benötigt, um sich von alten Werten und Traditionen zu lösen.

...

Was immer dein inneres Kind benötigt, damit es sich davon lösen kann,

...

was immer es benötigt, es kann jetzt den lieben Gott darum bitten.

...

Und auch dein inneres Kind kann darauf vertrauen, dass es jetzt all das bekommt, worum es bittet.

...

Nachdem es bekommen hat, worum es gebeten hat,

…

wie fühlt sich der Rahmen jetzt an?

…

Wie hat er sich verändert?

…

Falls es noch dunkle oder beschädigte Stellen in deinem Rahmen gibt,

…

dann kann dein jüngeres Ich den lieben Gott jetzt bitten, sie zu verändern.

…

Wenn es bittet, dann kannst du fühlen, dass sich etwas verändert.

…

Nachdem sich verändert hat, was sich heute verändern konnte.

…

Nachdem du integriert hast, was heute zu integrieren war,

…

bedanke dich bei deinem inneren Kind für seinen Mut und seine Hilfe.

…

Betrachte nun deinen Lebensrahmen.

...

Wie viel hat sich jetzt schon verändert?

...

Wie viele Stellen im Rahmen sind schon heil?

...

Wie viele Werte und Traditionen hast du über Bord geworfen?

...

Weil sie dir nicht mehr dienlich waren.

...

Durch all das, was du heute integrieren konntest,

...

kannst du vor deinem inneren Auge auch beobachten,

...

wie sich dein Lebensrahmen immer mehr an dein Leben anpasst,

...

so, wie es heute gut ist für dich.

...

Und während er sich anpasst,

...

kannst du auch fühlen, dass dein Leben leichter wird.

…

Und das ist ein gutes Gefühl, da kannst du dir sicher sein.

…

Genieße dieses Gefühl, heute viel verändert zu haben.

…

d.   Wissen & Intuition

Und weil sich schon so viel verändert hat,

…

kannst du auch noch mehr für dich verändern.

…

Schau ihn dir an, den Rahmen der dein Leben umgrenzt.

…

Kannst du vielleicht noch dunkle oder beschädigte Stellen wahrnehmen?

…

Stellen, die etwas mit deiner Intuition zu tun haben?

…

Stellen, die heute etwas benötigen?

…

Spür hinein, wo sind solche Stellen in deinem Lebensrahmen?

…

Was benötigst du heute für deine Intuition?

…

Was benötigst du, damit du deine Intuition besser wahrnehmen kannst?

…

Was benötigst du, damit heilen darf, was mit deiner Intuition zu tun hat?

…

Was benötigst du, damit diese Stellen hell und heil werden?

…

Unbesorgt kannst du jetzt fragen, was diese Stellen benötigen.

…

Und du wirst es wissen.

…

Benötigen sie vielleicht Liebe, Licht vom lieben Gott,

…

Aufmerksamkeit, Mut, Annahme, Vertrauen oder etwas anderes?

…

Was immer sie brauchen, jetzt kannst du es erfahren.

...

Und du kannst jetzt auch erfahren,

...

dass du hier und heute alles haben kannst, was du benötigst.

...

Brauchst du Liebe, dann bitte den lieben Gott um diese Liebe.

...

Brauchst du Licht vom lieben Gott, dann bitte ihn um sein Licht.

...

Möchtest du vertrauen, dann bitte den lieben Gott um Hilfe dabei.

...

Brauchst du etwas anderes, dann bitte den lieben Gott darum.

...

Was immer du brauchst, jetzt oder später, du darfst und kannst den lieben Gott darum bitten.

...

Denn wenn du bittest, wird dir gegeben werden.

...

Das war immer so, das ist so und das wird immer so sein.

...

Du musst einfach nur darum bitten.

...

Und du kannst darauf vertrauen, dass du jetzt all das bekommst, worum du bittest.

...

Nachdem du bekommen hast, worum du gebeten hast,

...

wie fühlt sich der Rahmen jetzt an?

...

Wie hat er sich verändert?

...

Falls es noch dunkle oder beschädigte Stellen in deinem Rahmen gibt,

...

dann kannst du den lieben Gott jetzt bitten, sie zu verändern.

...

Wenn du bittest, dann kannst du auch fühlen, dass sich etwas verändert.

...

Nachdem sich verändert hat, was sich heute verändern konnte,

...

nachdem du integriert hast, was heute zu integrieren war,

...

kannst du dein inneres Kind fragen, was es noch für seine Intuition benötigt.

...

Was immer dein inneres Kind benötigt, um seine Intuition zu stärken,

...

was immer es benötigt, es kann jetzt den lieben Gott darum bitten.

...

Und dein inneres Kind kann darauf vertrauen, dass es jetzt all das bekommt, worum es bittet.

...

Nachdem es bekommen hat, worum es gebeten hat,

...

wie fühlt sich der Rahmen jetzt an?

...

Wie hat er sich verändert?

...

Falls es noch dunkle oder beschädigte Stellen in deinem Rahmen gibt,

...

dann kann dein jüngeres Ich den lieben Gott bitten, sie zu verändern.

...

Wenn es bittet, dann kannst auch du fühlen, dass sich etwas verändert.

...

Nachdem sich verändert hat, was sich heute verändern konnte.

...

Nachdem du integriert hast, was heute zu integrieren war,

...

bedanke dich bei deinem inneren Kind für seinen Mut und seine Hilfe.

...

Betrachte nun deinen Lebensrahmen.

...

Wie viel hat sich jetzt schon verändert?

...

Wie viele Stellen im Rahmen sind verändert, die deine Intuition behindert haben?

...

Durch all das, was du heute integrieren konntest,

...

kannst du wahrnehmen, dass du nun besser mit deiner Intuition verbunden bist,

...

dass du nun mehr auf deine Intuition vertrauen kannst.

...

Und du kannst auch wissen,

...

dass du deinen Lebensrahmen jetzt größer werden lassen kannst.

...

Stell dir vor,

...

beobachte vor deinem inneren Auge,

...

wie dein Lebensrahmen jetzt größer wird,

...

wie er sich an dein Leben immer mehr anpasst,

...

wie verschwindet, was dich behindert.

...

So, wie es heute gut ist für dich.

...

Und während er größer wird, sich immer mehr an dich anpasst,

...

kannst du auch fühlen, dass dein Leben gerade leichter geworden ist.

...

Genieße dieses Gefühl.

...

Und du kannst wissen, wie viel sich heute verändert hat.

...

Betrachte deinen Lebensrahmen noch einmal

...

und fühle in ihn hinein.

...

Nimm wahr, wie viel sich verändert hat.

...

e.   Meditationsausleitung

Kapitel 6.7 Wirkungstest und Mediationsausleitung